班主任必备丛书
BANZHURENBIBEICONGSHU

中学班级文化这样建设

郝思涵 编著

ZHONGXUEBANJI
WENHUAZHEYANG
JIANSHE

吉林文史出版社

图书在版编目（CIP）数据

中学班级文化这样建设 / 郝思涵编著. ——长春：
吉林文史出版社，2012. 12（2021.6重印）
（班主任必备丛书）
ISBN 978 - 7 - 5472 - 1362 - 9
Ⅰ. ①中… Ⅱ. ①郝… Ⅲ. ①中学 - 班主任工作
Ⅳ. ①G635. 1
中国版本图书馆 CIP 数据核字（2012）第 307952 号

班主任必备丛书

中学班级文化这样建设

ZHONGXUE BANJIWENHUA ZHEYANGJIANSHE

编著/郝思涵
责任编辑/高冰若
封面设计/小徐书装
出版发行/吉林文史出版社
地址/长春市福祉大路5788号
邮编/130118
网址/www. jlws. com. cn
印刷/三河市燕春印务有限公司
开本/710mm×1000mm 1/16
印张/14 字数/160 千字
版次/2013 年 5 月第 1 版 2021 年 6 月第 3 次印刷
书号/ISBN 978 - 7 - 5472 - 1362 - 9
定价/39.80 元

目 录

实战篇

目 录

基础篇

第一章　班级文化概述

第一节　班级与班级构成

一、班级与班级教学的产生和发展

（一）班级的定义

1. 古代文献中的解释

在古代文献中，班级一般是指官位的等级，亦指官位。

(1) 汉代的荀悦在《申鉴·政体》中指出："高下失序则位轻，班级不固则位轻。"

(2)《晋书·刘颂传》说："官久非难也，连其班级，自非才宜，不得傍转以终其课，则事善矣。"

(3) 唐代刘禹锡的《代谢男师损等官表》也提到："下延胤息，叨践班级。"

可见，古代文献中提到的"班级"在含义上虽然与我们现在的班级有所不同，但是，在古代就已经存在班级这个词语是毋庸置疑的。

2. 现代班级的定义

班级是学校的基本单元。一个班级通常是由一位或几位学科教师与一群学生共同组成，整个学校教育功能的发挥主要是在班级活动中实现的。

所谓班级，是指学校为实现一定的教育的目的，将年龄相同、文化程度大体相同的学生按一定的人数规模建立起来的教育组织。班级不仅是学生接受知识教育的资

源,也是学生社会化的资源、学生进行自我教育的资源。

(二)班级教学的产生与发展

1、班级教学的概念

班级教学,是以班级为单位,同时对几十名学生进行教学,能多为社会培养人才。班级教学实行分科教学,各科有专职教师,每课时内讲一门学科,这有助于提高教学效率和质量。统一的课程标准、教学计划、课程表的制定,有助于增强教学的系统性、科学性。学生在集体组织形式中学习,彼此学习内容相同,进度相同,易于互相讨论、切磋,共同提高。班级教学也便于组织、领导与检查。

2、班级教学的产生与发展

(1) 个别化教学组织形式

在古代中国,由于生产力水平极其低下,人们通过手工劳动获得生产和生活资料,所以生产经验的传授大都通过言传身教、口授心授、直接模仿习得。虽然在原始社会末期已经出现学校萌芽,但都是以个别教学的方式进行的,即所谓个别教学制。这种教学方式没有固定的学制,没有学期与学年的区分,更没有班级可言。由于古人不具备造纸、印刷等相关技术,学生上课一般也没有统一的教材。学生年龄和文化程度参差不齐,学生入学有先有后,结业有早有迟,且流动性大。受教育者是一个结构松散的群体,没有统一的组织。尽管教师教十几个甚至几十个学生,可是没有统一的教学进度和教学要求,教学主要是通过谈话、问答、讨论和示范等个别方式进行的。

①个别化教学的优点

a 个别化教学可使教学适合每个学生的学习需要、能力水平和学习速度,有利于因材施教。

b 它可调动每个学习主体的学习积极性,使差生不致失去信心,优生不致失去进一步学习的机会和条件,从而使每个学生都能从教学中受益。

c 它有助于训练学生的独立学习、自负学习责任、独立钻研和自我教育的能力。

d 学习的时间和空间灵活性大。

②个别化教学的缺点

a 若长期把个别化教学形式作为主要的教学形式，会削弱师生之间、学生之间的相互作用，不利于合作精神的培养，同时也不利于竞争意识的形成。

b 若用单一途径和固定不变的学习方法，学生可能会感到单调无味，削弱学习的热情，容易疲劳。

c 个别化教学不是适合所有的学生，特别是有些缺乏学习自觉性的学生，可能会拖延学业。

d 个别化教学其"代价昂贵"，需要比其他教学形式花多得多的时间、精力、财力和物力。

e 个别化教学不利于学生交往能力的发展。

由此可见，个别教学是一种效率低、效果差的教学组织形式，是人类社会不发达的自然经济和小生产管理方式在教育方面的反映。

(2) 班级授课制

班级教学最早产生于16世纪的西欧。西欧的一些国家学校，首先有了年级的划分和学制的规定，出现了班级授课制的萌芽。1538年，教育家斯图谟在德国的斯特拉斯堡创办了文科中学，设有九个年级，并进行了班级教学的尝试。其后，耶稣会办的学校也实行班级教学。

17世纪，捷克教育家夸美纽斯是"班级授课制"的真正奠基者。他在1632年发表的《大教学论》一书中，对班级教学的实践作了总结和归纳，并对班级教学的特点、功能、应用等问题，第一次从理论上作了概括性的阐述和论证，从而奠定了班级教学的理论基础。其后，著名教育家赫尔巴特、裴斯泰洛齐、第斯多惠和乌申斯基等，都对班级授课制的进一步完善和发展，做出了宝贵的贡献。

①课堂教学的优点

a 课堂教学大规模地面向全体学生进行教学，一位教师能同时教许多学生，而且使全体学生共同前进。

b 课堂教学能保证学习活动循序渐进，并使学生获得系统的科学知识，扎扎实实，有条不紊。

c 课堂教学能保证教师发挥主导作用，首先是教师系统讲授，而且在这个基础上直接指导学生学习的全过程。

d 课堂教学把教学内容及活动加以有计划地安排，特别是通过课的体系，分工合作，从而赢得教学的高速度。

e 学生彼此之间由于共同目的和共同活动集结在一起，可以互相观摩、启发、切磋、砥砺。

f 班级授课制在实现教学任务上比较全面，从而有利于学生多方面的发展。它不仅能较全面地保证学生获得系统的知识、技能和技巧，同时也能保证对学生正常的思想政治影响，启发学生思维、想象能力以及学习热情等。

②课堂教学的缺点

a 学生的主体地位或独立性受到一定的限制，教学活动多由教师直接做主。

b 实践性不强，学生动手机会少。

c 探索性、创造性不易发挥，主要接受现成的知识成果。

d 难以照顾学生的个别差异，强调的是统一、齐步走。

e 不能容纳和适应更多种的教学内容和方法，因为它一切都固定化、形式化，灵活性有限。

f 不能保证真正的智力卫生的要求，往往将某些完整的教学内容和教学活动人为地分割。

g 缺乏真正的集体性。每个学生独自完成学习任务，教师虽然向许多学生同样施教,而每个学生各以自己独特的方式去掌握,每个学生分别地对教师负责,学生与学生之间并无分工合作,彼此不承担任何责任,无必然的依存关系。

二、现代班级构成

(一) 班级的物质构成

1、前墙

在班级的最前面,通常会放置一块400cm×120cm规格的黑板,这面安装了黑板的墙,被称为"黑板墙"。

(1) 黑板及班级前墙设计

黑板是教师传播知识的主阵地,每一位教师都会把学生应会的知识写在上面,直观形象地将知识展示给所有的学生。

黑板板面右侧通常是班级当天的课程表,写明上下午学生要上的课程,同学们在看到课表之后,就会安排好这一天的学习。

在黑板的左边,同学们会把一些与班级有关的文件贴在上面,警告不遵守纪律的同学。

在黑板的前方,有一个玻璃滚珠银幕,供教师进行多媒体教学时使用。

在黑板的正上方,是班训或校训,比如:"好好学习,天天向上"。在班校训的中间,墙上会放一面国旗,表现爱国主义精神,或者放置一个石英钟,告诉学生上下课的时间。

在黑板的左侧,是班级的制度墙,上面写着学生守则和行为规范。在黑板的右侧,是值日生表,写明同学们值日分组、值日时间等情况。

(2) 黑板忌过度"装饰"

黑板在班级的最前面,学生每天都要面对它和它周围的一切事物,这些"装饰"首先要保证知识的传播,其次要美观,再次还要端庄严肃,最后还要体现班级精神。

现有学校的这种"装饰"基本保证了学校教学秩序的稳定和学生的学习。

但是，在黑板周围切忌不可过度"装饰"，有的班级在黑板周围挂满了塑料的花，有的班级不但在窗台上摆放花，在黑板两侧还放几盆吊兰，弄得黑板周围特别乱，还有的班级在黑板上方放置一个带整点报时的钟，每当整点时都会响。这些装饰都影响了学生的学习，分散了学生的注意力，是不可取的。

2、后墙

(1) 班级后墙设计

班级的后墙，在班级里的重要性仅次于前墙，后墙是指引学生前进的明灯、是班级舆论的导向、是学生放飞思想的阵地、是学生聪明才智发挥的主场。

学习园地，学生学习成果的集中表现。在这一小块空间里，学生的优秀作业、优秀作品都贴在上面，起到鼓励学生进步的作用。

文化角，学生礼仪规范的集中表现。在这里，教师会让学生设计一些有关礼仪规范的漫画、故事等，使学生在快乐的阅读中完成礼仪规范的教育。

黑板报，班级文化的主场。黑板报是由教师和学生共同完成的，教师负责统筹、初审和确定作品，学生负责制作，最后由教师进行验收。黑板报由以下几个板块构成：时事要闻、班级突出事件报道、笑话一则、原创作品、文化长廊等。学生在设计板报的过程中，充分发挥个人专长，提倡与人合作的精神，在一行行文字、一幅幅图画中，把班级文化花园建设得激情四射。

(2) 体现班级精神

班级后墙的设计一定要体现班级精神，要充分调动所有同学的积极性，擅长作画的同学就在板面上绘画、擅长写作的同学就在板面上写文章、擅长幽默的同学就编一些笑话写在上面、班委会成员可以把班级的表扬与批评写在上面。总之，在这块黑板上同学的智慧都会得到应用。

另外，切忌在设计板面时固定让某一两位同学来完成，而应该由全体同学分组完成，每一组结合自身组员的特点，规划、设计后墙黑板报。

3、班级的侧墙

(1) 班级侧墙设计

班级侧墙虽然面积比较小，但是也被老师和同学们利用来鼓励学生的进步，老师通常会在这两面墙上挂书画作品，使学生在这些作品中立志、发展、提升自己的文化素质。比如在侧墙上，一般都会有"天道酬勤"、"书山有路勤为径，学海无涯苦作舟"、"业精于勤，荒于嬉"等等。同时，老师还可以让班级有书法天赋的同学亲手写字，让有绘画天赋的同学亲手作画。

(2) 侧墙设计的建议

侧墙的书画作品放置一定要注意量的变化，不可过多，但也不能太少，而且要不断地更换，在学生学习的不同时期，书画作品的作用是不同的。如果在低年级，书画作品以鼓励学生勤奋、立志为主，在高年级，书画作品则以鼓励学生稳中求进、脚踏实地做事、戒骄戒躁为主。

4、班级的软、硬件构成

(1) 班级的软件构成

①班级的口号、班训和标语

在一个优秀的班级里，口号是班级凝聚力的集中体现，班级的口号必须要主题鲜明、积极向上，能够起到鼓舞全班士气的作用。班训是班级共同的精神目标，全体同学都要以班训所要求的内容来严格要求自己，并随时接受班级内部的监督。班级内的标语，是同学们在日常生活和团队活动中总结、研究和制订的，是一种不容忽视的无形力量。班主任要经常为学生讲解班级口号、班训和标语的内涵，帮助学生在最短的时间内掌握班级的总体目标，为这个班级做出自己的贡献。

②班级教学的应用软件

在现代班级里，多媒体已经成为学生和教师熟知的内容，如电脑、电视、DVD、幻灯机、投影器早已成为班级教学的主要辅助手段。而在这些设备中，应用软件的使用则尤为重要。在现有班级教学中，一些应用软件已经被植入教学过程中，比如英文学习软件、历史事件光盘、国学经典视频等。

(2) 班级的硬件构成

①桌椅安排

在班级桌椅的安排中，充分体现了班主任的智慧，通常情况下，班级桌椅的安排，按照8行×6排编组 (按50人每班计算)，每两行桌椅组成同桌。不同的桌椅，会给学生带来不同的感受。当桌椅排成对面排的时候，表达的信息是辩论会；当桌椅围成方形的时候，表达的信息是联欢会或班会；当桌椅拉成单排的时候，表达的信息是考试，等等。

②班级其他硬件构成

除了班级的基本硬件构成以外，现代多媒体的应用也是班级构成的重要方面。现代班级的计算机是高配置的，投影器是国外的优秀品牌，银幕是玻璃滚珠的，DVD换成了EVD，电视换成了液晶的。

这些硬件设备的更新，不仅有力地辅助了教学，而且也有利于学生心理素质和价值观的形成。

(3) 班级软、硬件构成的建议

在班级构成中，除了桌椅以外，其他都是可以改变的，而且都是最重要的因素。

教学过程中，教学软件和硬件是辅助教学的，而不是教学的全部，现有的一些学校只重视硬件设备的更新，而不重视设备的使用过程中对学生的影响。教师制作的多媒体软件中，加入了许多分散学生注意力的内容 (如过多的动画)，这就割裂了教学软件与教学的关系，是值得教师深思的内容。

所以，在教学软件的使用过程中，要注意学生的接受能力，要以传授学生知识为主要目的，合理地运用多媒体。

(二) 班级的精神构成

1.学校的办学主要目的

国内外许多学校都有其独特的办学宗旨,如麻省理工学院的"理工与人文相通,博学与专精兼取"。

办学的主要目的就是办学宗旨。作为一所学校,它的创办要根据国家教育部制定的各种教育方针政策,要按照教学大纲、课程标准、课程计划来设计课程和组织教学活动。而这一切又会对班级精神产生直接的影响,由于学校办学主要目的不同,班级所处的学校氛围也会不同,班级精神就会有不同的表现,进而影响学生的学习和生活。所以,班级精神的决定性因素就是学校办学的主要目的。与此同时,班级精神也会对办学宗旨产生影响,学校根据班级的不同精神,不断地调整自己的办学方针政策,以适应师生的共同发展。

2、班级运行中的哲学元素

班级是一个整体,教师和学生是构成这个整体的要素,构成整体的各个要素之间存在着各种联系,这种联系有时紧密、有时疏远,各要素之间的矛盾对立有时激烈、有时和缓,教师和学生的成长是一个从量变到质变,再到量变的过程。这一切都体现出哲学思想的存在。

对于青少年儿童来说,理性的培养或教化只有在"理性的教学"中才能实现。所谓理性的教学是就"非理性的教学"相对应而言的,指教学的目的、内容、过程及评价等各个环节对于教师和学生双方来说,都是经过理性的思考和理解的,具有充分的合理性辩护,而不是建立在一些外在的个人或社会权威基础上的。因此,理性的教学与非理性的教学之间的区别并不在于两者涉及"理性"或"非理性",而在于整个教学活动合法性的辩护究竟是否是诉诸理性的。如果是诉诸理性的,那么这种教学就是理性的教学,如果是诉诸于非理性的,那么这种教学就是非理性的教学。非理性的教学只有经过理性化的过程,才能够真正起到教化或发展学生理性的作用。

教学的民主化就是用民主的精神来改造我们的教学，使教授和学习的双边活动符合民主的要求。民主的要求在教学过程中的具体体现包括：应用多学科的知识，如历史学的知识、政治学的知识、经济学的知识等，促进学生对于民主的深刻理解；给予教师以必需的教学自由，以便能够改变教材知识的呈现方式，解构教材知识的"霸权"，突出知识的多样性和认识论的多样性，防止教材知识对学生自由思想的束缚；改变教学的观念，不再将教学看成是一种居高临下地传递真理性知识的过程，而是将教学看成是一种师生利用知识共同进行理智探险的过程；改变教学的组织形式，增加讨论、质疑、辩论、试验、自学等环节，使教学变成一种平等讨论和自由交流的场所，而不是教师的"一言堂"和"独角戏"；在教学过程中培养学生的批判性思维，使他们成为自主的学习者或认识主体；改变教学评价的方式，使得教学评价更能够引导和促进学生的自主学习、自由表达和批判性思维能力的发展。

(三) 班级的制度构成

1. 师生的习惯

在一个班级的所有成员中，由于每个人都有个人的生活背景和社会地位，教师有个人的喜好，有各种各样的生活和管理习惯，这正所谓"什么样的班主任，他的学生就什么样"，学生受到家庭和家长的各种影响，也会带来一些个人习惯。

在师生的习惯中，有一些是好的，有一些是不提倡的。比如，师生之间的称呼，学生不允许直呼教师姓名，教师务必记住每位学生的姓名，教师要不断地纠正学生存在的不良习惯，如抽烟、酗酒等。学生在教师出现不良表现时，如不公平对待学生时，也要及时提出指正，这样和谐的环境对于师生改进不良习惯，创造和谐的班级是有帮助的。

2. 道德规范

学生守则和行为规范是学生道德的标尺。学生只有在心里熟悉和理解守则与规范的要求，才能在实际生活中正确地运用这些道德规范，使这些道德规范在学生心中开花结果，洗涤学生的心灵。

3、法律规范

作为班级的主导，班主任必须熟悉《义务教育法》、《未成年人保护法》等相关法律法规，学生同时要了解与自己的权益息息相关的各种法律，以便在必要的时候用法律的武器保护自己的合法权益。

4、内在规则——班级中的"公理"

在班级管理中，并不是所有的事情都要依据道德、法律来制约，学生之间、师生之间的内在规则，也就是班级中的非"定理"，即"公理"也可以帮助师生解决一些问题。比如在班级中，一位同学犯了错误，教师并不像以往那样，在全班面前大肆批评这位同学，而是把这位同学放在同学之间，让同学间的相关规则来惩罚他，使他自惭形秽，在同学们的舆论中认识到自己的错误，从而发自内心地改正自己的错误。

这些"公理"在学生之间广泛存在，比如同桌之间、男女生之间、组组间的规则，虽然它们没有形成文字、没有形成制度，但它依然具有一定的效力，有时，这些规则的运用能够起到与学生守则和行为规范同样的作用。

班主任在与学生交流的过程中，可以了解到许多关于班级现存的"公理"，聪明的教师会有意或无意地运用这些"公理"来解决班级存在的实际问题。这期间体现了教师的聪明才智，也体现出班级管理的新的突破口。

5、外在规则——班与班之间的沟通

教师也从中会发现，班与班之间的沟通对于本班既有促进作用，也存在反作用。

现象1：同学之间聊天的时候，往往会说："我发现咱们班在×××方面真不如别人班，我想换班"。

分析：说明在学生心中，已经把自己的班级与其他班级进行了比较，在比较中，他

们借鉴了其他班级的好的方面，贬斥了他们的不足。

班与班的沟通最主要的形式就是学生之间的沟通，学生在两个班级之间各个方面的比较又是这种沟通的最主要的方式，学生是正在成长的个体，他们在看待一个问题的时候，往往只注重其中的一个方面，较少顾及到问题的各个方面。而在学生心中，"好"与"不好"是学生之间沟通的最初体现。

班主任在利用这些沟通因素的时候，要充分考虑本班实际，将其他班的情况结合本班实际进行结合，促使本班学生健康成长。

现象2：在某中学，两个班级的同学，只因为讨论究竟哪个班更好问题时，两个同学发生了口角，就造成两个班级的同学群殴。两个班主任在处理问题时各执一词，偏袒和"保护"本班学生，使事态发展一度难以控制，给学校带来了负面影响。结果参与群殴的同学受到警告、退学等处分，两个班主任也受到了惩罚。

分析：这种事情在中学是比较普遍的，这从一个侧面体现了学生的班级荣誉感，学生容不得其他同学说他所在班级不好，但是处理这些事情往往不够冷静。而班主任在这个时候应该正确引导，而不要矫枉过正，这样只能使得两个班级的关系更加紧张，不利于维持良好的教学秩序。

在班与班沟通中，也有一些好的例子。

现象3：在一次拔河比赛中，两个班的同学都在努力想征服对方的时候，忽然有一方的同学在别人没有注意的情况下，又加了几名同学进来，使得本班获胜。当输掉比赛的班级发现这个问题，要去评理时，两个班主任站了出来，获胜班的班主任首先批评了自己的学生，又主动将奖杯送给了输掉比赛的班级，让自己班的学生向同学们道歉。两个班的同学从此又成了好朋友。

分析：可见，无论什么规则，只要能够帮助班主任解决班级的实际问题，就是好的规则。

(四) 班级的文化构成

1、社会文化背景

文化与社会因素对班级文化的影响不是抽象的, 而是具体存在于班级管理领域中。进入学校的知识本质上是一种文化, 是一种经过社会选择的"主流文化"。经过人为的选择, 文化和社会因素渗透在班级目标、班级管理模式以及相应的班级文化评价标准中, 其中隐含的意义是: 这些文化因素是谁的文化? 班级文化是由谁来选择的? 正是通过这些, 文化与社会因素形成了对班级文化的制约机制。当文化和社会因素渗透到班级文化领域, 并与班级管理有机结合, 就会形成一种特殊的文化与社会现象。这种特殊的文化与社会现象, 反映文化与社会因素, 同时也使班级文化带有明显特色。

2、学校文化气息

学校是培养学生的摇篮, 学生要想茁壮成长, 除了家庭环境优秀之外, 最重要的就是学校环境了, 在当今社会, 很多家长都说过类似这样的话:"我的孩子, 每天把家只当成旅馆, 只晚上回来睡一觉, 其余的时间都在学校里。"这句话貌似简单, 但却说明了一个问题, 学生的身心发展多数时间是在学校里完成的, 这从一个侧面反映出学校环境的重要性, 这种学校环境既包括教学环境, 当然也包括文化环境。

学校在文化建设方面, 最突出的特点就是采用最直观的图像、文字、电子显示屏等形式, 比如在走廊里挂各学科的创始人, 并附带他的介绍, 比如: 牛顿、居里夫人、门捷列夫、巴甫洛夫等; 在教学楼中悬挂古人的书法作品, 鼓励学生努力发展自己的业余爱好, 丰富自己的文化生活。

3、教师的文化背景

班主任是班级的主要领导者, 就其本身而言, 除了要具备教育教学理论基础以外, 还必须具备相关的文化修养, 这主要体现在两个方面, 一方面, 班主任是学生十分信任和敬仰的对象，更是学生文化基础的创造者，教师不仅传授专业知识，还要以自身的文化修养来影响学生，这是班级文化建设最主要的途径，即教师文化基础对学生的影响；另一方面，班主任只有具备深厚的文化基础，才能在处理班级日常管理事务时，保持客观、公平、公正的态度，保持平和的心态，确保班级日常管理的安定和谐。

众所周知，学生的成长，是所有老师共同培养的结果，在班级管理的过程中，除了班主任以外，其他科目的老师也负担着一定的责任，他们在教学的同时，也要把自己的文化素质体现其中，学生在与教师接触时，也会做出不同的反应，面对文化修养好的教师时，学生感觉到一种教师的修养水平已经完全使自己折服，老师的温文尔雅、循循善诱、优美的语言，更加增强了学生对所学知识的理解；相反，如果教师谈吐粗俗、举止不端，学生就会发自内心地讨厌他，不听从老师的教导，反而顶撞老师，造成班级气氛不和谐，师生关系不融洽。所以科任老师的责任同样很重，他们的文化修养是班级文化建设的重要的外在因素。

4、学生的文化差异

学生来自不同的家庭，家长是学生的第一任老师，家长的文化素质对于孩子的影响是学生步入学生之前最重要的文化来源。

在一个班级里，学生的文化差异表现在许多方面：

(1) 学生的语言文化差异

如果你是一名班主任，您在班级里随便走走，便会发现学生在聊天的时候，语言方面的差异特别明显。有的学生谈吐文雅，有的学生语出惊人，有的学生得理不饶人，有的学生说话吐字不清，经常使同学们发笑，有的学生说话掷地有声。这都体现出学生在语言方面的差异。由于文化的外在表现就是语言，所以学生在语言方面的差异构成了班级文化的一个方面。

(2) 学生的性别差异

一般来说，女生观察事物比较细，记忆力强，表达能力较好，多擅长于形象思维。男生则兴趣广泛，好奇心强，胆大好动，对有兴趣的事物注意力更集中，有较好的抽象思维能力。但男生观察事物常常不细心，学习上也常有不够认真的表现。

生理学、遗传学研究表明：性别差异，其染色体构成不同，与其空间想象能力有关，形成男女生智力活动上的一定差别。其次，男女两性大脑两半球偏侧性功能和专门化的发展有区别。男孩右脑的专门化早于女孩，而女孩左脑支配语言活动的部位比男孩发展快。

班主任既要承认性别差异，给学生身心发展带来各自的特点，又要明确男女学生智力发展可能达到的高度是相同的，关键是教育要切合学生实际，有效促进其发展。

在基础教育阶段，要切实把握学生发展过程中的特点，做到扬长补短，记忆力好就多教一些该熟记的知识内容，好奇心强就多给创造一些探索研究的机会，同时从发展的需要看到其不足，对多靠记忆获得好成绩的要提示他学会思考比记忆更重要，要更多地向他们提出动脑思考的问题。对于靠小聪明，完成学习任务的要提示他们学习科学必须有老老实实的态度，要严格要求他们，帮助养成良好的学习习惯。

三、中学班级构成的特殊性

（一）中学教师的无奈

案例1：在中学历史课堂上，历史老师提问："哪位同学能够解释下面这句话，'王侯将相，宁有种乎'是什么意思？"学生们都沉默不语，这时，有一个学生举手，老师说："好，请这位同学说一下吧。"学生站起来，煞有介事地说："王侯问将相，你有种吗？"全班哄堂大笑，老师被气得透不过气来。

案例2：在中学思想品德课堂上，当老师在讲解学生应具备的法律常识，并合理地运用法律武器保护自己的合法权益时，有一名学生扰乱课堂纪律，老师忍无可忍，对学生说：

"请你出去,说够了话再回来。"这时学生的一句话,让老师哑口无言,学生说:"老师,你这是剥夺了我受教育的权利。"

以上两个案例中的学生都以自己的方式回应了老师的提问,听起来似乎让人不可思议,可是这正体现了中学教学的突出特点:

1、中学生获得信息的途径与教师教学方法的矛盾

在现代信息社会,学生不仅在学校获得知识,在业余时间,也可以通过网络、家长谈话等方式获得一些相关信息,而中学生由于心智还不成熟,判断是非的能力尚待提高,因此在回答教师提问时,会不假思索地提出自己认为对的观点。

2、中学生的叛逆性

中学生是小学生与高中生的分水岭,是一个中间阶段,此时的学生并不像小学生那样听话,也不像高中生心理成熟度那么高。因此难免会产生一些叛逆心理,在这种叛逆心理的指引下,学生认为自己已经是大人了,很多事情都可以自己处理,所以对于家长和老师的教导经常置之不理,时常会与家长和老师发生冲突。这种冲突的产生是必然的,家长和教师要认清学生身心发展的特殊时期的特殊特点,从学生实际出发,积极引导,鼓励学生向好的方面发展。

(二) 中学生的好奇心引发的混乱

案例1:中学化学实验课,老师在给学生讲解浓硫酸的危害,两个学生就在下面研究眼前的一瓶浓硫酸,一边研究一边吵着发表自己的观点,终于发生了争执,在两个人的交叉动作中,不慎把这瓶浓硫酸洒在地上,弄得满地冒烟,邻近同学的裤子都被烧了个大窟窿。

案例2:在生物标本室里,学生面对着一只做成标本的老虎很是好奇,两个人一左一右的抢起老虎的尾巴,幸亏标本室的老师及时制止,否则后果不堪设想。因为制作老虎标本的时候,为了保证虎皮不腐烂,在老虎皮毛表面要喷洒一种特殊物质,这种物质造价非

常高，学生在抡动老虎尾巴的时候，会把这种物质甩掉，造成虎皮受损，而修复虎皮又要耗费大量的人力、物力和财力，这项损失是相当严重的。

学生的好奇心是帮助班主任建设良好班级文化的重要力量，一般来说，班主任处理学生好奇心问题主要有以下几个方面：

1、合理利用学生的好奇心

在教学过程中，特别是在自然科学课程中，教师要由浅入深、循序渐进地讲解知识内容，并通过提问、反问等方式引领着学生一步步走向知识的殿堂，学生在这个过程中，学生的好奇心被老师的语言、动作不断地激起涟漪，从而达到由好奇心向知识内化的目的。

2、认清好奇心的反作用

好奇心既可以帮助教师教学，同时也会干扰教学进行。教师过分放纵学生，只会使学生的好奇心膨胀，从而扰乱课堂教学，一切随心所欲，导致课堂教学的失败。

3、教师的威望可以使学生的好奇心适当发挥

在师生共同完成的教学过程中，教师在学生心中的威望是非常重要的教学因素。教师只有在学生心中树立良好、正面、甚至是畏惧的形象，对于教学来说，也是学生好奇心得以抵制的重要条件。学生喜欢教师，自然就会按照教师的要求去做，而不会按照自己好奇心驱使自己去做一些不利于教学的事情。

总之，在中学教育阶段，教师要放松心态，认真研究学生的发展特点，在教师自身客观评价的基础上，向积极的方面引导学生的发展。

第二节　班级文化的心理学基础

一、教师的心理素质

1、威信

在中学班级里，教师在学生心目当中的地位、形象、处理日常事务的方式统称为教师的威信。

教师的威信是教育研究中不容忽视的重要因素，是班级文化心理的重要组成部分。在教育教学过程中，各种教育元素或可缺少，但是如果没有威信，教育教学可能无法进行。这其中最主要的原因在于：班主任如果在学生面前没有任何威信，学生就无法顺从他的治理，无法在这个班级生存，完成学业更无从谈起。

威信不同于权力，权力是教师组织班级管理的主要手段，教师通过行使权力，完成班级的日常管理，班主任有权组织班级会议、有权罢免不称职的班级干部、有权阻止班级学生的不正当行为等。可以说，班主任的权力之大、之广是班级发展的基础。但是，在一些情况下，班主任的威信要重于权力，一个在学生心中有威信的教师可能不必行使任何权力，只需要让学生从心往外尊重教师，甚至畏惧教师，问题行为都可以得到有效的解决。如两位同学在数学课上发生了争执，数学老师几经劝阻，都无济于事，两个学生互不相让。这时，班主任来到班级，只往两个人中间一站，两个学生立即和好如初。究其原因，主要是由于在日常生活中，班主任在班级里树立了绝对的威信，学生在老师的潜移默化下，只要见到教师，立刻就了解教师的意图。这说明，威信在此时处理问题更有效。

2. 想象

在学生走进教室之前，教师都要有一个心理过程，即想象学生的未来，想象学生如何学习知识，想象学生如何听教师的话……

想象自己在学生心中的地位，是教师最经常想象的内容。因为教师传授知识，首先要了解学生对自己的信任程度，教师只好在学生心中的地位处于一个合适的位置，学生才听其言，从其行。其次，教师还要想象自己在传授知识的过程中，学生心理的变化，学生是不是愿意听自己的言论，学生是不是在思考教师提出的问题，学生是不是想着其他的问题。最后，教师还要想象学生学习了知识之后，是不是能够运用于自己的生活中，使学生学到的知识得到利用。另外，教师还要想象到学生在学校之外的场合如何评价教师的言行，这是教师这个行业必须要面对的问题。

总之，教师的工作虽然不完全取决于想象，也不能完全依靠想象，因为教师要时时面对实践，不能单靠想象完成教学任务，单凭想象会使教师陷入空想的深渊，从而严重影响教学秩序。但是，又不能忽视想象的作用，因为有的时候，想象可以帮助教师更好地规划自己的未来，在自己遇到困难时，想象可以帮助教师树立信心，所以想象要与教师的工作实践相结合，使想象在合理的范围内，实践也就会在合理的范围内了。

3. 耐心

由于学生的年龄和心理特征，在中学阶段很容易叛逆，这种叛逆的性格很容易让老师失去耐性，在处理学生的问题时，老师极容易浮躁、不冷静，甚至做出过激的行为，造成对学生更大的伤害。

耐心是教师修养的重要组成部分，教师只有具备足够的耐心，才能客观地分析学生产生问题的原因，公正、公平地处理这个问题。对于学生的问题，教师要耐心地询问事情的起因、经过、结果，掌握事情发展的动向；然后从双方的角度解释问题产生根源；最后通过灵活的方式解决这个问题。在这个过程中，教师的耐心起到了关键的作用, 耐心不仅帮助学生解决了学生存在的问题, 还使得教师在学生心目当中地位和形象发生了本质性飞跃。

作为教师, 要时时劝自己要耐心处理事务, 教师自身的发展必须有良好的调节机制, 这个机制的基础就是教师自身生理和心理机制。在日常生活中, 教师要注意自身修养, 培养耐心, 让纷繁复杂的班级事务在有耐心的教师面前显得有条不紊。

二、中学生的心理素质

1、正确的人生态度

现代的中学生, 在学校里接受的教育都是有利于其自身发展而设置的, 学校在培养学生知识与技能的同时, 也在培养学生的世界观、人生观和价值观, 这期间就存在着一个正确的人生态度的问题。

学生生活在现实社会之中, 难免会对现实社会有这样那样的不满情绪, 而这些不满情绪的产生会使学生在确定人生态度的时候走向偏差的错路。

首先, 学生要有明确的目标。目标是指引学生成功的基石, 是避免学生误入歧途的主要途径。学生确定明确的目标之后, 自己的生活就会因为这个目标的制订而发生这样或那样的改变, 使学生朝着这个目标的方向前进, 学生在实现目标的道路虽然并不一定平坦, 但是也是学生人生态度的指南针。

其次, 学生要勇于面对现实, 敢于承担责任。学生在面对现实问题的时候, 一定要勇于提出自己的观点, 正确地表达自己的观点, 合理地实施自己的做法。还要努力发挥集体智慧, 鼓励大家共同解决这些问题, 在解决问题的同时, 提高自己的能力。同时, 在需要自己承担责任时, 要敢于承担, 不强调客观、不强调主观想法, 敢于直面现实责任, 为社会贡献自己的力量。

2、满意的心境

对于一个中学生来说, 虽然学习是最重要的事情, 可是在对待事务的时候, 必须有一种知足常乐的心态。

首先，对自己的生存状态要满意。可能生活中有这样或那样的困难，当学生面对时，要努力劝自己以平常心面对，对待自己的生活要有一个正确的认识，从而在克服困难的时候，能够尽最大的努力。

其次，对于别人对待自己的态度要满意。人与人的交往过程中，难免会发生一些不愉快的事情，自己难免会遭别人的刁难。这就要求学生在处理这种问题的时候，以满意的心态对待别人对自己的不客气，以德报怨。

3、适度的情绪

中学生处于一种非常特别的发展期，情绪的控制对于他们来说，是一个非常关键的问题，如果情绪控制得不好，可能会影响学生的一生。也使得学生很难与父母、教师、同学之间的和睦相处。

学生要有一个适度的情绪，无论处理什么棘手的问题，都要正常发挥自己的能力，努力控制自己的情绪，使情绪成为学生成长的铺路石，而非绊脚石。不可以动辄就发脾气，顶撞家长和老师，造成亲属关系和师生关系紧张，这不但不利于学生自己的发展，也不利于班级教学秩序的维持。

三、课堂问题行为与心理学原理

1、学生学习动力不足，消极抵制

学生在上课的过程中，马马虎虎，漂泊不定，交头接耳，嬉戏打闹等现象都是学生学习动力不足的一般表现，而更激烈的表现，就是使课堂出现混乱，甚至严重影响学校教学秩序。

从心理学角度来分析和看待这个问题，我们就会发现，学习动机是学习的最重要的因素，学生只有拥有强烈的学习动机，才会将自己的全部精力全身心地投入到学习当中去，他们听从教师的指导，与同学通力合作，努力完成个人和班级的发展目标。学

生在端正了学习态度以后，就会把学习作为自己发展的动力，把兴趣作为最好的指导教师，学习更多的知识，发展自己的正确的价值观。

学生除了学习动力不足的问题以外，还存在消极抵制的问题。学生抵制教师的教学、抵制同学的帮助、甚至抵制学校教育，发生中途辍学、甚至退学的悲剧。

从心理学角度来分析抵制教学的问题，主要是由于学生的向师性的偏差，学生在心里并不理解学校和教师对于自己的正确要求，反而认为这些要求束缚了自己的所谓的"正常发展"，造成与教师和同学发生冲突，破坏课堂教学秩序。学生只有与教师相互理解，相互支持，才能取消抵制情绪，认真地跟着教师进行学习，在同学的协助下完成学业。

2、学生的自卑心理

首先，学生的自卑心理来源于其家庭背景。有些学生认为自己来源于农村，生活条件和学习条件远不如城市的学生，所以就会产生自卑心理，他们不敢与城市的学生一起玩，平时经常"被欺负"，又不敢向老师提出自己的想法，只能心甘情愿地成为城市学生的影子，紧跟在城市学生之后，成为城市学生的附庸；有些学生家庭条件不如其他学生，自己的穿戴、日常用品等都不如其他同学，他们不敢正视条件相对较好的学生，与别人接触时主动退避，久而久之，这些的心理就会产生阴影，对于其以后的发展也会产生严重的影响。

其次，学生的自卑心理来源于学业成绩。一个班级里的学生，必然存在学习成绩好与学习成绩不好两个阵营。对于学习成绩不好的学生，心理上对于学习成绩有很强烈的渴求，而自己的能力有限，又由于得不到其他教师和同学的理解，从而使得他们在心里把自己就与其他学习成绩较好的同学区别开来，产生了自卑的心理。

第三节 班级建设的重要支柱——文化学基础

一、提倡和谐的班级氛围

只有学生主动追求知识,主动建构班级文化,学知识与建文化并重,学习的能量才能得到最大的发挥。每一位教师都深刻地认识到这一点,也深知如果不能实现这个目标,班级就将无法管理,班级文化也会因此受到严重的影响。

知识是客观存在的,这一点无可厚非,学生学习知识也是天经地义的事情。而班级文化则与知识的学习有所区别,如果没有班级文化先行,学生就不可能学习得融洽,学生个人也得不到发展,学生在班级里感受不到任何学习之外的东西,班级文化氛围也就无从谈起。而教师如果强迫学生感受班级文化气氛,也是不现实的。

教师对于班级文化的认识,直接影响到班级的建设与管理。学生不是班级文化被动的接受者,而是要通过自己主动管理班级事务来接受班级文化的熏陶和传播班级文化。班级建立严格的班委会制度,通过民主选举,选出班委会成员,让每一个有能力、有想法的同学都能挺身而出,为班级管理付出自己的力量,"学生管学生"是现阶段班级管理中普遍存在并普遍适用的方法。班委会成员不仅要接受班主任的管理,还要接受每一位班级成员的监督,同时还要接受与班级管理相关的各级人员的管理,只有这样层层管理,班级管理才会真正体现出民主与和谐。而对于班委会中不称职的人员,全班同学有权罢免他,并选举新的班委会成员。当然,在班级管理中,班委会的管理只是一个方面,但是通过这个方面的严格管理,可以使班级的凝聚力得到改善,从而增加和谐班级的砝码。

二、丰富多彩的班级文化活动,促成班级的迅速成长

1、学校的主题活动

为了学生的全面发展,学校通常都会组织很多相关的主题活动,如歌咏比赛、拔河比赛、纪念红军长征长跑、春游、观看主题电影等。在学校的各种主题活动中,学生都要积极参加。

笔者在初中的时候,曾经参加了一次纪念红军长征长跑活动,学校利用一个下午,让全校学生在老师的带领下,从学校出发,整整跑了15公里,学生们在活动中努力坚持,有的同学累得气喘吁吁,仍然坚持参加活动,有的同学虽然身体不适,也坚持参加了活动。傍晚的时候,学生们回到学校,大家的兴致还是很高,纷纷讨论起今天的表现来,还有同学干脆在班级里组织了每周一跑活动,组织全班同学,每周选择一天早晨,大家一起围绕着学校操场跑5圈的活动。这就是学校活动对于学生发展的最大影响,也是学生积极参与学校活动的最好的结果。

2、丰富多彩的班级文化活动

(1) 国学传统文化活动

在如今的中学,学生们都会背一些国学经典著作,如《论语》、《孟子》、《弟子规》等。在班级活动中,班主任充分利用这一项活动,在班级开展了相应的几个活动:

①组织班级学习委员,每天带领大家在晨读时间读一部著作中的一篇或几篇,并请班级同学逐字逐句地解释这篇文章,遇到不明白的问题,班主任可以进行必要的指导,同时教师可以讲一些相关的故事来帮助学生理解这篇文章。

②请学生在业余时间收集资料,每天由一位同学以自己的方式讲一篇与国学相关的故事给大家听,这不仅锻炼了学生的表达和整理知识的能力,还同时提高了全班同学的文化修养。

③开展班级国学文化评比活动，对于表现突出的同学，班级会给予一定的奖励，使学生更加认真地学习国学知识，并更快地记住更多的知识。

④学生之间发生冲突时，教师利用国学故事做例子，来解决这个问题，通过这种方式，学生在文化熏陶中化解了矛盾，不但抵制了不良行为的产生，也使学生更加懂得用传统文化解决问题的重要性。

通过上述活动，班主任达到了传播国学知识的目的，并将国学博大精深的体系系统地讲解给学生。使学生深深地体会到中华民族传统文化对于自己发展的重要意义。经过这些活动，学生之间的谈吐都发生了变化，变得儒雅多了，一个个都成为"小国学家"。这些活动如果继续坚持下去，学生学习的动力就会得到大大地提高。

（2）主题班会

在班级管理的过程中，针对不同的问题，班主任都会组织一次相关的主题班会，在班会上，大家共同解决一个班级内部的集中问题。如在一次班会上，主题为"母爱"，学生们在班会上纷纷夸奖自己的母亲，夸母亲对自己如何的好，有的学生甚至把母亲给自己讲过的自己从小到大的故事都讲了出来，个别话语弄得全班哄堂大笑。在班会的最后，老师总结了大家的发言，并把自己的看法提出来，与同学们进行交流，向学生们解释母亲的艰辛，要求学生们要尊重母亲，关爱母亲。

在各类班会中，学生都会从中受益匪浅，学生解决了自身存在的各种问题，更加了解自己需要什么，更加了解学生现阶段学习的重要性，更加熟悉班级同学的心理，更加愿意为班级做自己应当做的事情。

（3）爱心活动

2008年5月12日，四川汶川、北川地区的一声巨响，造成了近8万7千人遇难的大地震，作为同胞，同学们心系灾区人民，时时刻刻想着灾区的小朋友和亲人们。班级学生通过捐款的方式进了自己一份小小的心意，表达了对灾区人民的关心和慰问。更想象不到的是，学生自发地为灾区的小朋友写信，表达自己对他们的关心和鼓励，告诉他们要坚强，要把这次灾难当作自己发展的重要阶段，好好照顾自己和家人，等待着走出困境的一天，字字句句，虽然直白稚嫩，但也体现出学生对灾区小朋友的关心和帮助，处处流露出了学生的真情实意，中华民族"一方有难，八方支援"的传统美德，在这样一次活动中表现得淋漓尽致。

(4) 美化教室环境

首先，班主任第一天走进班级的时候，要对该班的学生及教室，进行一段时间的观察，时间最好在一周左右，把您所观察到的实际情况加以分析、归类，认真了解班级的物质文化环境如何，还需要补充些什么。生生之间的人际关系环境如何，还需要补充些什么。在仔细调查研究的基础上，召开第一次主题班会，在会上谈谈自己的想法和建议，交由全班同学讨论并一致通过一项旨在解决班级文化环境的宣言之类的文件，作为今后一段时间内解决班级环境美化的指南，从而做到在文件指令指导下，逐步完成班级文化环境建设。

其次，在美化班级环境的文件通过以后，教师要向全班宣传美化班级环境的目标，动员全体同学共同实施，每一个人尽一份力量，提高学生的环保意识，鼓励学生去其他班级或自己以前学习阶段的班级参观，了解其班级美化的经验，回来把自己的感受向全班同学宣传，但其中可能有一些不成熟的想法，同学之间还要兼听兼信，不可以片面地理解某几个同学的意愿，影响班级美化的事。通过一些有意识的活动，使同学们都认识到美化班级环境的重要性，学生才会深受鼓舞，表示赞同并努力实现这一美好的愿望—— 美化班级环境。

第三，美化班级环境还要有制度保证，班主任结合《中学生守则》、《中学生日常行为规范》，考虑到班级的实际情况，制定了一整套系列的、显性与隐性相结合的管理制度，如效仿列车员管理中在列车车厢里放置工作日志本供旅客提意见和建议的做法，在班级里建立一个《班级管理意见簿》，请同学们在自己方便的时候，把自己的一些真实的想法以匿名的方式写在上面，对于班级美化环境的建设提出好的建议和

班主任必备丛书

中学班级文化这样建设

26

意见。严格的考核制度，对于学生值日组的工作进行量化考核，对表现好的组，每个组员可以获得相应的奖励分数，期末会得到奖励，并可以被评为"值日明星"，相反，对于值日不认真的组，其组员要扣掉相应的分数，并要主动与表现好的组建立联系，学习值日生的工作细节，在最短的时间改善自己的工作。

第四节　班级文化意识

一、班级的品牌意识

(一) 确定班级建设的宏观目标

作为一个优秀班级，必须是"政治合格、成绩过硬、班风优良、纪律严明、团结有力"的。对于这个目标，班主任除了要具备强烈的敬业精神和高度的责任心外，拥有科学的管理方法也特别重要。班主任结合自己班级的实际情况，为学生确立明确、铿锵有力的班级宏观目标是必要的。

自中国古代开始，各家学者纷纷提出各自的政治主张，其中有提倡仁义礼智信的儒家，提倡以法治天下的法家，使得"以法治国"与"以德治国"的争论一直存在于百家之中，学者们以周游列国的足迹，宣传着自己的观点，帮助国君治理国家，训化百姓。而在当今社会，"以法治国"与"以德治国"的结合，使国家在世界的地位不断提高，百姓心中的国家和谐发展。

也许治国理念是国家的事情，但是小到班级的管理，可是班级发展的头等大事。班主任的领导能力决定了班级在学生成长过程中的诸多因素。而宏观目标的制订，正是体现了班主任的智慧，这其中也体现出班级团体意识的精神实质。如班主任把班级的宏观目标定位为全体学生均衡发展，共同进步。这也正从一个侧面说明了班级学生的发展方向。只有全体同学共同为了这个目标而努力，在成长中改正自己的缺点，发挥自身的优势,进而达到全班均衡发展,平行推进的目标。班主任在这个过程中要认真观察每一位同学的发展,关注每位同学的正确与不足,及时修正错误,创建民主平等的发展空间。

合理的班级制度也是实现宏观目标的重要保证,严格遵守纪律,严格执行班级制度,班级的目标才能得到实现。班委会的每一位成员都恪尽职守,各司其职,同学之间和谐相处,也是班级宏观目标的重要保障。

(二)"班级文明"品牌

班级文化是一种无形的教育力量,班级文明的影响力有些情况下要超过教师的说教、学校的制度等实体文明。如在一个班级文明程度非常高的班级里,学生每个人都像在"君子国"一样,班风正派、学风强劲,同学之间互相谦让,学习上互相帮助,生活上互敬互爱……试想在这样的环境中,在这样文明的班级里,如果你是一个初来这个班的新同学,你怎么会兴风作浪,学习怎么会不进步?生活怎么会不美好?可见,文明的班级是学生成长的关键,班级文明有利于班级德育工作的顺利开展。

良好的班级环境是学生学习成功的开始,自然环境的美好可以帮助学生建立学习的信心,使学生在心理上接受美这个概念,在生活中不断地挖掘美的元素,把自己的生活空间建设得更加美好。

(三)人际关系的和谐

学生,特别是同龄的学生,在身体和心理发展中存在着很多共同的特点,这些特点只是他个人在一定阶段的特殊表现。虽然不能代表个人发展的全部,但是我们要看到学生在人际交往的过程中,不可避免地会发生这样或那样的冲突,而这些冲突往往是由于学生之间的不能相互理解而造成的。在教师看来,这些冲突是幼稚可笑的,可是这也反映出学生在人际交往方面的不成熟,学生的这种不成熟已经成为学生之间普遍存在的现象,学生在处理人际关系时不能充分考虑对方的感受,而单独思考自己的想法和家庭对自己的影响,所以才会处理不好人际关系。

教师在分析了上述情况以后，在详细了解学生在中学阶段身心发展的规律的基础上，正确地引导学生走向人际关系的和谐，指导学生如何处理与人际关系相关的各类问题，团结所有的学生共同努力，为实现班级的更加和谐的目标而奋斗。同时，班主任还善于提高班级成员监管全班情况的力度，确保全班同学个个都是班级里最好的"管理者"，通过每个人的努力，把班级的人际关系处理得更加融洽，班级集体平衡向前发展。

(四) 学生成绩—— 班级的知识品牌

学习成绩，学生成长的重要记录。在一个班级之中，学生的成绩好与坏，是这个班级最重要的标志，也是这个班级在学校地位的重要地位的体现。在学校的班级评比之中，首先关注的也是这个班各科目的平均成绩，进而关心升学率。

如果一个班级纪律涣散、成绩差、学生没有学习目标，每天都任性地玩着游戏，成绩怎么提高？

教师通过与个别同学谈话，提示学生学习的动机，鼓励学生的学习热情。在谈话中，老教师可以利用学生爱玩的心理，通过先游戏的方式，让学生产生谈话的兴趣。兴趣是最好的老师，学生有了兴趣之后，教师再以反问的方式，让学生在谈话中知道游戏是耽误其学习的最大障碍，进而理解教师的一番心意，重新把学习作为自己的奋斗目标，热情地学习知识，经过几次劝导，学生的成绩一定会得到提高。

然而，兴趣是最好的老师，但是一时的热情并不能使学生长足的进步，学生的进步还是要让其自身认识到学习的重要性，教师要努力构建学习型班级，营造一种学习的氛围，促成学生养成良好的学习习惯，同学之间以学习成绩好为荣，以不能提高自己的成绩为耻，建立学习过程中的"八荣八耻"，努力提高自己的成绩，从而使全班的成绩都得到普遍提高。

书籍是学生最好的朋友，学生只有养成读书的好习惯，才能促进学生学习成绩的提高。教师可以每周为同学们推荐一本课外读物，还可以让同学为班级提供传阅书籍，在现代多媒体技术的支持下，学生可以在学校的电子图书室阅读电子图书，通过阅读，学生不但扩展了知识，而且从另一个侧面发展了自己的能力，而这一切最终的目的就是为了学生成绩的提高。

一个班级的转变需要过程，一个品牌班级的形成更需我们煞费苦心经营。但如果我们一旦形成自己的风格，形成一种良性循环，班级必是一个团结、奋进的集体。这将有助于学生对学习和生活树立信心，有助于学生良好的心理素质的养成，有助于培养学生的胆识，有助于培养学生的各种能力。

二、班级的团体意识

(一) 团体的领导者——班主任

班主任是班级的精神支柱，在一个班级里，学生以班主任为自己的主要依靠，什么事情都愿意听班主任的，正如有的学生家长在报怨："我的孩子什么事情都听老师的话，老师的指示对于家长来说就是圣旨，我们想改变都改变不了，必须严格的执行，不过也难怪，孩子每天和老师在一起的时间比我们家长还要长，老师已经成了孩子的'家长'了，真让我们羡慕啊。"所以，班主任的知识积累、精神世界、个性修养、言谈举止等方面对于学生来说，都是他们借以模仿并愿意一生学习的重要内容，学生在教师上述的影响下，学生以教师为榜样，心甘情愿地跟着教师一起学习，一起生活，在中学中普遍存在的一句"名言"是"什么样的班主任，带出什么样的学生"。

班主任的工作是项艰巨而又不一定得到赞扬的工作，属于一种"费力不讨好"的任务，而现存的班级管理之中，班主任的工作一定要注意细节，观察学生的生活要细致入微，认真倾听每一位同学的心声，把学生的工作做到位，有针对性地对班级中的每一位成员都提出合理化的建议和意见，班级里所有成员都发展了，班级的发展也就实现了。

(二) 团体意识的忠实执行者——班干部

班委会中每一位成员都担负着班级管理的重任，是班主任意识的忠实执行者。

班长是班级的灵魂，是全体学生的表率，在班长的带领下，班级成员能够团结一致，努力向前发展，在班级利益受到损害时，由班长负责处理外交事务，减少本班伤害，维护本班利益。在团结同学方面，班长要有号召力，能够在同学中树立自己的威信，使全体同学都信服，都愿意在班长的带领下，一直学习和成长，班长在日常班级管理中，一定要事必躬亲，但也要灵活地"使用"本班同学，把班级事务处理得更好，大家团结在班长周围，为班级的发展出力。

学习委员是班级中的一个重要的角色，他的主要工作就是带领全体同学共同学习和进步，做学生们的学习表率。学习委员要善于总结高效率的学习方法，并把这一切与同学们共享，帮助同学们提高学习成绩，在业余时间，学习委员还要组织同学们参加兴趣小组，努力学习更多的课外知识，扩展自己的知识面，从而为书本知识的学习提供动力。学习委员的工作是继班长之后，工作最复杂、最繁琐的工作。

各科科代表，他们在各科教师的指导下，带领大家学习好每科知识，要想为同学们做表率，自己把本学科的知识学深、学透，还要善于同老师和同学们合作，共同完成本学科知识的学习。

班干部在管理班级的过程中，一定要注意言行，既不能降低自己的身份又不能凌驾于学生之上。努力学好文化课，并学习管理方面的书籍，使自己综合素质得到提高，使学生对干部充满敬佩感，从心底支持学生干部的工作，这样，一个班级才会团结。

第五节　中学班级文化

一、班主任的文化修养内涵

(一) 马克思列宁主义、毛泽东思想、邓小平理论与"三个代表"重要思想、科学发展观修养

马克思列宁主义、毛泽东思想、邓小平理论和"三个代表"重要思想、科学发展观是我党的指导思想，也是班主任从事教育工作的重要前提和主导思想。其中关于教育、教学、人类的发展、爱国主义、道德规范、审美观等方面都有十分精辟的见解。特别是关于世界观、人生观和价值的学说、历史唯物主义、辩证唯物主义基本原理，更是班主任在管理班级、教育学生不可或缺的理论基础，班主任只有熟悉上述理论，才能在教学和管理实践中发挥理论优势，提高和影响学生的知识水平和思想政治觉悟。

(二) 精深的专业知识

中学的班主任，通常来自于正规的师范大学的本科专业或者来自于中等师范院校的相关专业。因此，从这个角度看来，教师的专业知识是系统的、完整的、专业基础是扎实的。

班主任从事某一个年级的某几门课程的教学，对所教的学科的知识一定是精通的，而且可以将这些知识系统地、全面地传授给所有学生，而且教师把握着学科发展的方向，时刻了解本学科前沿知识，了解本学科的发展方向，了解本学科的发展趋势，进而借以丰富本学科的教学内容，让学生在最短的时间内完成知识的原始积累，并完成自身知识结构的更新，同化和顺应这些知识，扩展知识领域。同时，在教学过程中，班主任还要善于从学生的反应中找出合理的与不合理的因素，利用合理的、纠正不合理的，达到教学相长的目的，促进教师和学生共同成长。

要给学生一杯水，教师必须有一桶水，而这一桶水的容量，取决这个桶中最短的一块挡板的长度。也就是说，教师在精通本学科的知识的同时，必然会更加了解教学过程中的重点和难点，了解知识之间的联系性，掌握整体与部分的关系。从而在教学时，将知识系统化地传授给学生，让学生掌握本学科全部的系统化知识。

除了学科本身知识之外，班主任还要注重思想道德修养的培养，使学生在掌握科学知识的同时，个人的修养、道德素质得到相应的提高。要让学生懂得知识中所包含的道德因素，并能够充分利用这些因素，在日常生活中，学会待人接物、与人为善的处事态度，将自己所学的知识运用于道德领域。

（三）与本学科相关的各学科知识

中学生是学生发展的特殊时期，学生的好奇心和求知欲都非常强，不知不觉中总在思考自己面对的世界中出现的各种问题，而在简单的思考之后，在还没有深入分析的时候，就会向班主任提出这样或那样的问题，经常弄得教师无所适从，面对着学生的一双求知欲极强的眼神，老师内心的痛苦无法形容。

面对学生的质询，老师经常会觉得自己的知识太过于贫乏，这就要求教师不断地涉猎各个方面的知识，全面地了解和掌握学生的心理动向，提前做好与学生交流各方面知识的思想和知识的储备。这样，教师在学生心目当中的位置就会提升，老师才真正的成为学生的良师益友。

相反，如果班主任不但对于学生提出的其他问题置之不理，还一味地要求按照自己的意愿来解决已有的问题，上课照本宣科，学生就会与教师的关系越来越疏远，一个知识面狭窄、孤陋寡闻、业务水平低的班主任，在学生面前是不会有威信的。

班主任还需要广泛的爱好，如对音乐、体育、书法、绘画等都有一手，那将是"如虎添翼"，便于指导学生开展活动和发现特殊人才。当然，做到这一点是难能可贵的，也是相当不容易的。

二、中学生的文化背景

1.中学生要有深厚的文化道德修养

学生在家庭受到的影响可谓深远，家长和长辈们对学生的教育是学生接受文化知识的前提，学生的礼仪规范、礼貌、行为举止，都会对自己的学习产生重要影响。研究发现，喜欢读书的学生，在平时与人交流的时候，经常出口成章，举止文雅，深受老师和同学们的喜爱。

2.中学生要有广泛的兴趣爱好

现在的孩子在很小的时候就参加一些课外培养班，如钢琴、舞蹈、书法、演讲、播音主持等。这些兴趣爱好的培养，有利于学生在接触学习知识的时候，将学习兴趣作为自己学习的前提和基础，这样既可以学习知识，又可以在同学们面前"大显身手"，让全班同学都刮目相看，这不仅有利于学生的成长，也有利学生更大的进步。

第二章　班级文化中的中学班主任与中学生

第一节　班主任的文化意识

一、中学班主任自身角色的转换

在新课程改革的大背景下，教师如果想更好地完成教育、教学工作，就必须在师生关系、课程运作、职业发展和工作方式等几个方面不断地转变自己的角色。无论是原始社会、奴隶社会，还是资本主义、社会主义社会，都分别对于教师这个角色有着不同的要求，由此可见，教师的角色具有鲜明的时代特征。随着课程改革的不断深入，我们越来越感受到所谓的"师者，传道、授业、解惑也"的角色已不能更好地适应社会发展对教师提出的新要求，教师必须意识到这种需求，并积极地有意识地调整自己的角色，以适应新时代对教师的新要求。

教师首先要具备深厚的文化基础和一定数量的知识储备，这都对教师的职业能力提出了更高的要求。甚至有人认为，在当今社会，教师的知识储备已经不在局限于传统意义上的"一桶水"的说法，取而代之的是"潺潺流水，源源不断，及时补充"，学生无论什么时候需要学习，都可以从教师那里提取，而不管学生有什么样的知识要求，教师都能无偿提供。然而随着时代的变化，特别是21世纪知识经济时代的到来，在科学技术突飞猛进的今天，教师的知识储备已经不是绝对得比学生多，学生在日常生活中有很多机会接触新鲜事物、有很多途径获取新知，这一切决定了学生学到了许多也许老师不知道的东西。而教师之所以作为教师，主要是因为其阅历比较丰富，在专业知识上比学生先走一步而已。教师也要不断地充实自己的知识储备，同时要有不耻下问的学习精神，主动地向学生学习，这样教师才有可能走在前面。其实，教师不必害怕在学生面前暴露自己的无知，有时甚至需要祛除对教师的神秘感和权威感，主动承担起学习的责任。

教师"这条溪水"不仅仅是数量的储备，而水的质量也是我们要考虑的因素。在这个日新月异的时代，教师如果不及时更新自己，自己原有的溪水恐怕不但没有用，而且早已腐烂发臭了。教师做一条死水小溪是不行的，还需要保证自己的溪水是高质量的水，此外，"这条溪水"不仅强调教师的知识储备的质量，还要考虑到教师如何把"这条溪水"引入到学生的知识长河之中去，在向学生输出"这条溪水"时要确保不会跑偏、不会对学生产生不良影响，而且要保证造成学生知识的过量等相关问题。

教师和学生的关系应该是共同学习、相互促进、教学相长的关系，教师并不是万能的上帝，不可能无所不知、无所不能。教师在教学中只是一个协调人，其作用是为学生的学习尽可能多地提供资源，营造一个积极学习的环境，让学生自己健康、和谐地发展。因此，有的教师认为，与其期待教师时刻有"溪水"向学生传输，还不如把教师当成一个帮助学生挖掘泉水的人，学生就是一眼泉，一眼取之不尽、用之不竭的泉，而教师就是引导发掘泉水的人，使泉水喷涌而出，永不停息。教师要勇于为有不同个性的学生的终生发展出一镐之力。

案例1：

不断充实自己，做学生的良师益友

在某市的一所初级中学，八年级有这样一位班主任，今年已经52岁了，可是在全校范围内，所有的学生每当提到这位刘老师的时候，都竖起两个大拇指赞扬，这种情况使得笔者十分不理解，为什么一位五十几岁的教师可以成为全校师生的楷模呢？她的与众不同又在哪里呢？

后来笔者经过调查研究，发现了这几个问题的答案：1、这位刘老师每天都是后半夜才休息，这样的情况从她三十几岁一直做到今天；2、刘老师每天在给学生授课完成以后，都要写篇反思深刻的教学文章，总结教学情况；3、刘老师每隔一周或一个月，都要去"充电"，学习内容涉及教学及其生活等各个方面。

经过仔细研究，笔者发现：在刘老师的书柜当中，有很多"莫名其妙"的书籍，之所以说这些书莫名其妙，单从名字就可以看出来，例如：《我的学生是个"淘气包"》、《我与学生发展二三事》、《我是如何与学生交流的》，甚至笔者发现了诸如："穿越火线"安装光盘、"CS通关技巧"。另外，就是一叠叠的反思笔记，有些纸已经发黄了。原来刘老师每天后半夜才睡，只是为了看完这些书。

通过跟踪随访，笔者发现：每隔一周或一个月的时间，刘老师都要去一所"老年大学"，学习广泛的兴趣爱好，其中包括：书法、绘画等，同时，刘老师还要去网吧，学习游戏的打法（但是这个时间相对较短）。另外，笔者还注意到，刘老师经常去几个老朋友的家里，去探讨教育、教学问题，总结经验。

在以上的案例中，笔者真的是从心往外佩服刘老师，已经是五十几岁的人了，仍然坚持在教师角色转变的工作中做自己应做的事情。笔者与刘老师进行了几个小时的交谈，发现在刘老师的心中，始终把自己当作一名学生，当作是一名与学生一起成长的同学，学生的成长促成了刘老师的成长；刘老师在与学生交流的时候，总是把学生平时生活中能够接触到的事物作为谈话的前提，然后鼓励学生把平时的经验运用到学习当中去，而学生则认为刘老师是他们最好的朋友和良师，和刘老师在一起，学生有的时候会忘记刘老师的身份，而完全把她作为自己最好的同学一样去对待。

教师角色的转变，特别是班主任角色的转变，正是学生进步的基石，班主任只有把自己的身份暂时忽略，与学生平起平坐，做学生真正的朋友，与学生平等交流，互谅互让，保证教学工作的顺利完成。

二、充分发挥个人智慧

育人是学校教育永恒的目标。众所周知，在学校里育人的主力是班主任。如果把班主任老师的日常工作做个简单分类，我们不难发现包括三个部分：一是管理，二是教育，三是沟通协调。值得注意的是，管理并不是为了管住或管死，它的初级目标是为教育教学创造良好秩序，终极目标是促进学生的自我管理。所以管理的目的也是为了育人。沟通和协调的主要目的是联合各种教育力量（科任教师、家长、社会等）共同育人。

育人同时又是最复杂的工作，因为它不仅关注孩子的外在行为及习惯培养，还要透过现象看到行为背后的精神世界，引领孩子的价值取向。就未成年人思想道德教育内容本身而言，既包括最普通的常规养成教育的内容，也包括时代发展带给我们的新挑战。从受教育者的类型而言，不仅有让所有班主任老师都颇为头疼的后进生，也包括一直被老师认为没有问题，或成绩掩盖了其品行，从而被忽略的优秀孩子。

思想品德教育是面向所有孩子的，让每个孩子都能健康成长和发展一直是所有班主任老师的追求。在理想的状态下，孩子们应该乐于接受老师的引领和指导，教育应该顺理成章地开展和进行。然而现实是，所有的班主任老师都发现，班里总有少数几个孩子，因为或这样或那样、或主观或客观的原因，成为前进队伍中的停滞者或后退者，成为班级教育乐曲中不和谐的音符。他们的存在，令班主任老师十分头疼，因为班主任面对的不仅仅是教育个别孩子的问题，还有在多大程度上影响集体氛围的问题。

案例2：

光荣背后的故事

在某中学，有一次学校组织歌咏比赛，8年8班的刘明和周岩同学参加了比赛，由于在比赛中的出色表现，两个学生分别获得了特等奖和一等奖。两位同学都非常开心，两个人领了奖品之后，正准备回班级的时候，周岩同学的心里发生了变化，他认为自己的能力比刘明出众，理应得到的奖品多于他，所以就对刘明说："我看到你拿的奖品比我丰富，我不服你，以后我们再比。"刘明同学也是一个不懂得谦让的人，他们因此争吵了起来，事情闹得越来越大，最后全班都知道了。班主任王老师得到这个消息后，马上来到班级，把两个人请到办公室，了解过情况以后，班主任灵机一动，对两个同学说："周岩，你觉得刘明比你的奖品多，是吗？"周岩说："本来就是嘛，他凭什么比我拿得多啊？"王老师又问刘明："你觉得怎么样？"刘明说："我还说他比我多呢。"班主任说："你们是不是都认为对方拿得比自己多？"两个人异口同声说："是。"班主任说："好，那你们两个马上把自己手里的奖品和对方交换过来，这样就是平衡了，好不好啊？"两位同学先是一愣，而后分别看了看自己手里的奖品，一丝舍不得涌上心头，周岩舍不得手里的复读机，而刘明也舍不得手里的MP5，两个人顿时都低下了头。班主任看明白了两个人的心思，就说："不想换了吧，其实你们每个人的奖品都是自己努力的结果，为什么要计较那么多呢？"两位同学听了班主任的话以后，脸涨得通红，分别伸出手来握住对方的手，两个人就这样握手言和了。

看了上述案例，你可能觉得这位班主任解决问题的方式并不是特别的高明，如果换成是您，您可能也可以做到。但是，笔者认为，在现代社会，学生之间由于种种"不知名"的原因而发生或这样或那样的矛盾，而班主任在这些在班里"称霸一方"的学生面前，要充分发挥个人威望与智慧，使这些"捣乱"的学生自惭形秽。

三、权责清晰

班主任是班集体的组织者、教育者和指导者，对一个班的学生工作全面负责。因此，对于每个学生的全面健康成长，班主任都担负着导师的重任。在许多成功人士的成长故事中，我们都不难发现，能让人发自肺腑地终身敬重而堪称"人生导师"者，往往也会是他们的班主任老师。从学校教育内部来看，班主任还负有协调各学科教师的力量、通过学科教育来共同促进本班学生全面发展的责任；从校内外结合来看，班主任在建立学校与家庭、学校与社会的沟通联系中起着桥梁的作用。

作为一名班主任，要明确职业角色应履行的基本职责，确立责任意识，并在实践中尽职尽责。首先，必须通过研习班主任工作基本规范，明确班主任"必须做什么"和"应该怎样做"；其次，努力在履职实践中，自觉地运用规范条例来自我督导、自我激励、自我调控，并不断从理解和践行方式上彰显个性，进而达到能在遵守条例的基础上，游刃有余地进行有效的工作范式研究和班主任工作艺术的探索，为新任班主任提供工作示范参照，为班主任工作的理论研究拓展思路或提供典型案例。

概括地说，班主任要真正成为履行其职责的主人，从其遵守基本规范的专业成长中来看，必须依次经历学习一般工作规范的"外化"、赋予个性化诠释的"内化"，进而有所超越、创新地"再外化"的过程。只有这样，才能保证班级管理与教育中繁杂琐碎的常规事务性工作得以落实，保证班级管理的有序性，才能培养学生养成良好的学习与生活习惯，促进良好集体风气的形成。只有这样，才能使班主任保持动力、活力，不断反思，不断探索，逐渐形成独具特色的班主任工作理念，从理论到实践都以个性化的方式诠释班主任的基本职责，而并非被动受限于职责条例，也不会视条例为外在束缚、个性的羁绊。

不仅如此，作为班主任，还要注重"学生管学生"的重要性，在班级管理过程中，要合理安排班级干部的工作、分清工作责任与职责范围等，保证每一位班级干部都能够专心管理本班级事务，这在一定程度上可以减轻班主任的负担，使学生在班级干部的管理之下，在和谐平等的环境中完成学业，班主任只有在班干部的工作受到限制或事情发生到一定程度的时候才出现，这不但体现了班主任的权威性，还可以使班级管理实现民主化。

四、关注学生的情感发展

加强青少年的青春期教育，科学、正确地引导青少年的活动，以科学的知识和观念武装教师和学生，才可使青少年既不至于为封建思想所禁锢，成为愚昧的牺牲品，

班主任必备丛书 中学班级文化这样建设 —— 40

也不至于为西方"性解放"的错误思潮所引诱，走向堕落的深渊。

而对于当代的班主任而言，如何在班级管理中关注青少年情感的发展，正确处理好他们的情感期待，将他们的所谓"早恋"引向一个合理且合情的范围之内，既需要班主任具有丰富的教育教学方面的理论和实践知识，又需要具有丰富的生理、心理学方面的知识，以及丰富的处理问题的技巧。

今天的中学生已经不再安于单纯的中学生的角色，相反，他们在一天天地强化他们作为世界的主人的角色。作为教师，我们固然有责任和义务帮助青少年成长，然而，这种帮助绝不能处于一种高高在上的地位，否则，可能结果适得其反。也就是说，当我们处在帮助者或者引导者的角色的时候，我们需要更多地考虑中学生的生理和心理的状况，也必须考虑他们的性格品质与时代的需求。

案例3：

老师，我喜欢你很久了

在某中学，八年级有一位女同学，自从入学以来，学习成绩一直不好，而唯独有一个科目学习成绩是最好的，那就是物理。不仅如此，这个学生整天围在物理老师周围，久久不愿离开，每天老师下班的时候，她总是要在学校门口堵着物理老师，哪怕只和老师说两句话，她也会开心整个晚上。时间长了，老师和同学们都知道了这件事情，这位女同学喜欢物理老师了。终于有一天，这位女同学来到老师办公室，办公室里只有物理老师一个人，她向物理老师表白了："老师，我喜欢你，而且喜欢你很久了。"物理老师听了，真如五雷轰顶一样，一时间不知所措，他怎么也想不到，学生会对老师说这种话，从那一天开始，物理老师开始了调查研究这个问题的工作。后来经过调查，老师们知道这个女同学在很小的时候就失去了父亲，从小没有父爱的她，性格一直都很孤僻，而第一天上物理课的时候，物理老师的音容笑貌、一举一动，深深地打动了她的幼小心灵，所以使她对老师产生了爱慕之情，最后由爱慕驱使她向物理老师表白。老师得知这个情况以后，所有八年级的老师晓之以理、动之以情，分别与其谈话，经过大家的关心和帮助，在九年级毕业的时候，这名女同学不仅顺利地克服了心理障碍，而且取得了优异的成绩，成功考入了省重点高中。

由这个案例可以看出，中学生的情感发展过程中，可能存在一些比较偏激的想法，这有可能导致一些过激行为的产生。作为班主任，要善于发现和帮助情感非正常发展的学生，主动帮助他们建立正确的世界观、人生观和价值观，抵制不良诱惑，走向更大的成功。同时还要以一些反面的例子来引导学生在成长的道路上完成心理的成熟，遇到相关事件的时候，可以冷静地思考后再做出符合道德和身份的明智的决定。这一切思想、心理的发展都要求班主任具备相应的心理学、社会学、哲学思想素质，用自身的行为、动作、心理状态来帮助学生克服成长过程中的过激行为。

第二节　中学生应具备的文化意识探索

一、中学生身心发展的阶段特点

在中学阶段，学生思维能力迅速得到发展，他们的逻辑思维处于优势地位，表现出以下五个方面的特征：

(1) 通过假设进行思维。能按照提出问题、明确问题、提出假设、检验假设的途径，经过一系列抽象逻辑过程来实现解决问题的目的。

(2) 思维的预计性。在复杂的活动前事先有了诸如打算、计谋、计划方案和策略等预计因素，在解决问题前采取一定的活动方式和手段。

(3) 思维的形式化。中学生思维成分中形成化思维已逐步占了优势。

(4) 思维活动中，自我意识或监控能力明显化。中学生能反省和自我调节思维活动的进程，使思路更加清晰、判断更为正确。

(5) 思维能跳出旧框框。中学生的创造性思维迅速发展，追求新颖的独特的因素，追求个人的色彩、系统性和结构性。初中抽象逻辑思维虽占优势，但很大程度上还属经验型，需要感性经验的直接支持。

中学生自我意识更为明确，同一性、勤奋感是情感发展的主要方面。他们富于激情，感情丰富，爱冲动，爱幻想。他们开始重视社会道德规范，但对人和事的评价比较简单和片面。他们在自我对知、情、意的整体调控中，意志行为日益增多，抗诱惑性能力日益增强，但高层调控仍不稳定。

二、学生在教学建议中渗透的文化因素

1、以尊重老师为前提，注意场合

尊重老师，就是要把老师的人格放在第一位，以尊重老师的劳动成果作为前提。老师的工作是异常复杂和繁琐的，工作中难免会出现或这样或那样的失误，在学生之间会产生一些不良的后果，但是，作为学生，还是要抵制自己的好奇心，尽力维护老师的尊严不受伤害。老师向学生传授知识，无非是希望学生能够成才，如个别教师在教学过程中念错一个字、说错一句无关紧要的话，这并一定成为学生向老师提建议的资本。

另外，在向教师提出意见和建议时，一定要注意场合，尽量不要在教学进行时、众多学生面前直言不讳地提出建议，这样会对教师的教学产生一定的影响，影响到老师的授课情绪，打断老师授课的思路，影响其他同学的学习。学生一定要认真分析提出建议的背景形势，如当时周围同学的听课状态、全班的学习情况、老师所讲授知识的重要性等等，在合适的时候提出建议才是必要的。同时，还要考虑提出建议的方法，即怎样提出建议才恰当。笔者认为，向教师提出建议最好是在课后，老师心平气和的时候，学生运用恰当的语言、舒缓的语气、商量的口吻，恰当地向老师提出自己的想法，使教师进行反思，并被你的用心所感动，这样，师生关系会更加融洽。

案例1：

在一节语文课上，老师在讲《荷塘月色》课文时，误将"尔其纤腰中的纤（xiān），读成了纤（qiān）"，伴随着这一个音节的读错，全班同学中几位同学发出了笑声，而这一切老师并没有注意。就在这时，王小明同学突然在下面说了一句："老师，你读错了，是纤（xiān），不读纤（qiān），还老师呢，这个字都读不准。"

短短的几句话，在最不恰当的时候，以最不尊重老师的方式提了出来，老师感到异常的尴尬，课堂教学无法进行下去，老师只好匆匆下课，离开了这个班级。事后，全班同学特别召开了一次班会，讨论了这个问题，全班同学一致认为，王小明不尊重老师的事实清楚，所作所为严重影响了老师的情绪，伤害了老师的感情，全班同学一致要求王小明同学向语文老师道歉，并希望能够得到老师的原谅。

这样的事情在中学课堂中也许是经常出现的，这样事情的发生正是学生心智发展不成熟的表现，班主任要善于利用这样一些类似的事情，抓住这个有利的时机，以恰当的方式迅速提高学生心智的发展。

2、语气平和，方式委婉

中学生阶段是学生逻辑思维比较发达的时期，这个时期的学生最容易说话的时候带出自己的情绪，让对方听了感觉十分的不舒服，这不仅仅是在教学过程中出现，在家庭之中也会经常出现，比如在大街上，有时会看到一些中学生模样的人，当街与父母争执，学生往往说一些只图一时口舌痛快的话语，家长经常被气得面红耳赤，甚至做出殴打孩子等过激行为。这件事并不能说明中学生不懂事理，而是学生这一时期性格特色的体现。另外，学生也很喜欢以直接的方式面对事物，不懂得尊重别人的隐私。如果遇到"死要面子，不喜欢认错，特别不喜欢在学生面前认错"的老师时，学生的这种直言不讳、得理不饶人的方式必然会碰钉子。与老师顶撞，无益于问题的解决，更会恶化师生关系。师生双方都要理性一些，待双方心平气和后再谈，把事情说清楚。

案例2：

在一次主题班会上，老师让大家讨论"社会现实问题大家谈"这个主题。开始的时候，学生们纷纷各抒己见，老师认真听取大家的意见和想法，帮助大家一起分析现实社会存在的各种各样的社会问题，如教育不公平、分配不均衡、腐败等大问题；社区环境、邻里关系等小问题。讨论进行了一大半的时候，宋佳再也忍受不了班会所讨论的问题，她说："老师，我认为我们没有必要讨论了，社会问题太多了，我们一个初中生根本无力解决，这简直就是在耽误我们的时间和生命，我受不了啦。"

听了宋佳的话以后，全班同学的观点发生了一些动摇，有的同学也随声附和起来，改变了班会的初衷，同学们开始以不假思索、不负责任的方式提出自己的观点，每个同学说过之后，都会引得全班同学的哄堂大笑，班级气氛忽然"热闹"起来，班会在这样的"气氛"中戛然而止。

在这个案例中，宋佳同学的观点也是代表她个人的一种态度，实际上也是可以表达的，只不过她没有注意语气的选择和表达方式。如果宋佳同学这样表达："社会现实问题有的是个别的，有的是普遍存在的，虽然我们现在还不清楚事情的原委，但在我们心中，这样的事情已经留有一定的空间，我相信在不久的将来，这些问题一定会在我们这一代人身上得到有效的解决。"这个时候必然迎得全班同学的共鸣，带来的肯定是一片赞扬之声和掌声。而绝不会是班会后半段的现象，造成班会无法正常进行，影响班级的凝聚力和同学之间的团结一致，这对于班级管理和学生的发展都是不利的。

3、言辞恳切，点到为止

在面对比自己年龄大了很多的老师的时候，师生之间的"代沟"必然会给师生之间的交往带来一定的影响。研究表明，伴随着师生年龄的差距逐渐拉大，起初想与学生做朋友的青年教师，已经逐渐转为中年人或者老年人，而作为老师这个特殊的群体，由于经常与年轻的学生在一起，老师的心中一直是想把学生当作自己的朋友的。而年龄的差距拉大以后，老师的想法也许变化不大，而在学生心中，已经自觉或不自觉地把曾经的青年教师"晋升"为自己的父母一辈，已经不再敢把教师作为自己的"同龄人"了。

因此学生在与老师交流的时候，必须要注意言辞、注意自己无意中表现出来的不屑情绪、对于自己的观点深信不疑的态度。学生要在充分理解老师的心理状态的基础上，向老师提出自己的观点，以期望得到老师的认可，而不是伤害老师的自尊心。

另外，学生的建议要点到为止，不可以拖沓冗长，尤其注意在自认为抓住了事情的关键点的时候，得理不让人，盲目坚持自己的观点不放松，与老师争辩，务必让老师接受学生的观点，而应该点到为止，只要表达了自己的观点即可，能够使老师了解自己的心理即可，以期达到进言的目的。

案例3：

在一节数学课上，小A和小B正在做数学题，这时，坐在后面的小C拉着小B说话，小B拒绝了几次都没有效果，正在这时，老师来到他们身边，误以为小B不认真学习，在全班同学面前严厉地批评了小B，小B头不语，只是默默地听着。坐在旁边的王明想为小B作证，也被小B拉住了。下课以后，小B来到办公室，面对着数字老师，她开口说话了，"老师，今天上课确实是我不对，我不应该和小C同学说话，可是老师您不了解实际情况，事情是这样的……"小B讲完了事情经过，数学老师当面向小B道歉，并保证下次一定要注意自己的态度，小B终于乐了。

案例4：

班级里的小明和小军吵架了，小红来劝架，两个人打得不可开交，小红拼尽了全力终于把两个人拉开了，之后小红拉着小军说着些什么，这时班主任老师进来了，在不了解情况的前提下，误以为是小红和小军打架，于是严厉地批评小红和小军，小红委屈地哭了，老师问起了原因，周围的同学把事情的经过讲了一遍，老师赶忙向小红致歉，并保证以后不会这样做了。谁知道这个时候，小红立即暴跳如雷，出言不逊地直接批评了老师，并说和老师没完。第二天，小红把自己的父母都带到学校，并找来了学校的校长，一起和班主任老师理论昨天发生的事情，最后，弄得班主任实在没有办法，甚至都决定经济赔偿小红，并引咎辞职来让小红满意，而这时小红的一句话，让大家都心寒了。"宋老师，这一回我就让你知道，要不你就管住我，要不一切都要听我的，谁来说话也不好使"。

在案例3中，小B的做法是值得提倡的，她以平和的心态，恳切的言辞，点到为止的处事态度化解了班级矛盾，洗脱了自己的冤枉，而没有像其他中学生那样，以自己所谓"独特"的方式来解决问题。这种做法的最大好处，就是加深师生之间的理解，促进师生关系的融洽。

在案例4中，小红的这种得理不饶人的处事之道就是不值得提倡的，作为学生，受了委屈自己要申辩，但是在处理方式的选择方面，一定要慎重、冷静、与人为善。而绝不能选择一些莽撞、冲动、与人交恶的方式，这样做不但于事无补，而且也会使师生之间的隔阂越来越深。

三、快乐地接受教育

学生需要老师不断地营造一个好的教学环境，"快乐教育"是充分调动师生两方面积极性，使教师善教，学生乐学，在师生融洽、合作的气氛中，全体学生得到生动、活泼、主动的全面发展的教育。

英国著名的教育学家斯宾塞已经在他半自传性札记的《斯宾塞快乐教育》中提出了"快乐教育"的某些具体手段和方法。包括：

1、家庭共同相聚的时间是神圣的。

2、家庭成员互相了解可以使孩子获得心灵的力量。问问自己,你有几次坐下来和家人谈你的理想、目标呢?你有几次向孩子询问:"你担心什么?你害怕什么?"

3、适当让孩子为家庭分忧。

4、珍视全家一起用晚餐的时间。即使在最忙碌的时候,每个星期也应有至少一两个晚上和孩子轻松地用餐,这时不要数落孩子的不是。

5、定期和孩子完成一件事。

6、建立固定的家庭传统和仪式。

7、和孩子一起玩游戏。

8、在孩子睡觉前告诉他一些家里的往事。

通过上述情况,学生在家里如果能够快乐,必然会把这种快乐带到学校里、班级里、学生之间,作为家庭重要成员的父母,也要力争做到使孩子在家庭生活中的快乐教育,这样才有利于学生更好地接受学校教育。

而在学校教育中,班主任要努力地保证学生在校期间心情愉快,在传递知识内容的时候,使用学生身边发生的事情,让学生如同在家一样接受新知识,掌握新技能,达到寓教于乐的教学目标。

在日常班级的管理中,班主任在与学生交谈时,保持一种平和的态度,使学生可以在平等的状态下与老师进行交流,这样不但使学生与班主任的关系更加接近,而且还可以让班主任在学生心中的地位发生各种变化,学生就会越来越喜欢和老师说话,特别愿意把自己的心里话向教师倾诉,快乐地完成各学科知识的学习,与各位老师和睦相处。

第三节 中学师生关系中渗透的文化元素

一、师生关系的基本内涵及主要内容

对师生关系的界定,不同学者、不同书籍的观点可谓见仁见智:《中国教育大百科

全书·教育》对师生关系下的定义是，师生关系是教师和学生在教育教学过程中结成的相互关系，包括彼此所处的地位、作用和相互对待的态度等。《教育辞典》上说，师生关系是教师和学生相互作用的性质，以及师生相互对待的态度。还有观点认为，师生关系就微观而言，主要指师生之间在教育过程中所发生的直接交往和联系，包括为完成教育任务而发生的工作关系，以满足交往而形成的人际关系，以组织结构形式表现的组织关系，以情感认识等交往为表现形式的心理关系。

师生关系主要包括以下三种：

1、工作关系

师生之间的工作关系，是在教育任务、课程计划、学校规章制度和其他行政措施指导下形成的一种关系，它是建立其他方面师生关系的基础。师生间的工作关系主要表现在教与学的关系。在教与学活动中建立良好的师生关系，主要取决于教师主导作用的发挥。教师必须充分了解学生的实际，反对主观、盲目地教学；必须充分调动学生学习的主动性、积极性，反对注入式教学；师生之间要平等协作，反对压制教学民主。只有这样，师生之间才能建立良好和谐的工作关系。

2、心理关系

在教育活动中，始终存在着师生间的亲密交往和心理交流，主要包括认知和情感两个方面的因素。

师生之间的心理关系是建立在认知基础上的。学生都有一种向师性，尊重、信任老师，服从教师的教导，同时也希望得到教师的关注、鼓励和表扬。针对这种情况，教师要多给学生以积极、肯定的评价，以强化学生积极向上的信心。教师对学生不能持有偏见和成见，以免导致师生关系的破裂。学生则通过与教师多方面的交往，认识自己的老师，并对其做出自己的评价。

师生之间的情感关系是师生关系的又一个重要方面。教师对学生充满爱的情感可以形成教师良好的心境，激起对工作的热情，领略到事业的兴趣和幸福，激励自己克服困难、进行创造性的工作。同时，教师对学生的积极情感，又能转化为学生接受教育的内部动力，赢得学生的爱戴和尊重，激起对教师的亲近感、信赖感，从而沟通师生的思想，协调师生关系。

3、道德关系

在教育活动中，教师和学生都必须遵守一定的行为规则和道德规范，履行一定的责任和道德义务，这就出现了师生之间的道德关系。建立师生之间良好的道德关系，对协调师生间的工作关系起着重要的作用。在社会主义社会，尊师爱生是师生间道德关系的最准确、最生动的概括。教师对学生的爱是教师最重要的道德品质，它是一种巨大的教育力量，是沟通师生关系的纽带。师生之间的交往有着广阔的领域，渗透着丰富的道德内容，最终都集中反映在教师热爱学生这个根本方面。学生的道德行为和道德义务的集中体现是尊师。学生只有从内心尊重师长，才能使自己在思想和学识上不断长进。同时，学生尊师又可以激起教师献身教育事业的积极情感，更加热爱学生、关心学生。总之，尊师爱生是中华民族的传统美德，是衡量师生道德水平高低的重要标志。

师生之间的心理关系是在师生之间直接交往过程中形成的，而教师在这中间起着决定性的作用。如果教师不经常主动接近学生并不断满足学生的各种合理需要，真诚和谐的师生关系也就难以建立。

二、师生关系中班主任文化因素的体现

1、师生见面时的"第一印象"

班主任第一次与班级学生见面，要特别注意以下几个方面：

(1) 着装得体，仪态大方，谦逊有礼，面带微笑

教师的服装不一定是最名贵的牌子，但是一定要合体，穿着要干净利索，不可以

宽松肥大或过度瘦小，太大的衣服会显得教师臃肿，不利于师生之间的亲切联系，太瘦小的衣服又可以使学生看着极不舒服，所以穿着一定要得体，老师在选择衣服的时候，要注意衣服颜色和款式的选择，颜色不宜过于刺眼，款式要符合教师的身份。

老师在与学生见面时，动作要大方，不可过分拘谨，一笑一颦要得体，让学生了解老师的文化修养，使学生在与教师接近时，不会产生距离感，同时也体现出老师平易近人、和蔼可亲的教学态度。

教师第一次与学生见面的时候，一定不要摆出一副"高姿势"、"高高在上"、"高不可攀"的样子，要表现得谦逊有礼，有礼貌地对待每一位同学，在与学生交谈之时，要以最接近学生接受能力的语言进行，使学生与教师交流无障碍，这样也可以使学生更加愿意与教师接触，而学生在今后的生活中，也会学着教师的样子，与其他人交往时，谦逊有礼，做一个谦谦君子。

面带微笑，是老师送给学生的最好的礼物，因为老师的微笑可以拉近师生的距离，活跃师生的关系，学生在教师的微笑中，感受到了教师的亲切，同时也使自己在班级生活的未来充满了信心。

(2) 主动向每位学生问好

教师在与学生见面之初，每见到一位同学来到教室，教师都面带微笑地向他们问一声"你好"、"怎么来到学校的？""家里都好吗？"等。这几句亲切的问候，使学生知道老师对他们的关心，学生就会把教师作为自己的亲人或者朋友，愿意跟着班主任一起学习和生活，学生会马上以自己的方式回答老师的问题，也许第一次回答问题的时候会脸红，但是在学生心中这几句问候却成为师生建立融洽关系的基础。

教师对学生的这种关心，一定要坚持始终，不可以逢场作戏，做表面文章，如果教师抱着上述心理来与学生交往，用不了多长的时间，学生就会知道班主任对待他们的态度是假的，他们就不会再听班主任的教导，而是我行我素，班级氛围顿时会变得紧张，不利于学生的发展，也不利于师生的共同进步。

(3) 教师的亮点和特点

在与学生见面的时候,教师一定要表现出一点亮点或特点,让学生对您的印象最深刻。突出自身的亮点和特点可以使学生信服你的为人,愿意和您一起生活和学习。如教师喜欢运动,在第一次与学生见面的时候,教师表现出运动的天赋,学生们就会觉得今后可以在这个方面与教师学习和交流,他们自然而然地就跟着教师走下去,并且会在运动方面愿意付出自己的力量,为班级争光。

有的教师擅长语言的变化,通过言语打动学生的心灵,学生被老师演讲所感动,在演讲与口才方面与老师加强交流,在交流中成功地成为雄辩者,进而提高自我语言能力,为今后的生活铺平道路。

2、让学生惊讶于您的记忆力

(1) 记住并叫出每一个学生的名字

学生在班级里学习和生活,都希望得到老师的关注,而在众多的被教师所关注的选项中,学生的名字正是最重要的一项,教师如果见到学生之后,立即能够叫出该生的名字,对于学生来说,这是莫大的荣幸,至少学生知道,他在教师心目当中是有位置的,教师已经开始关注自己的发展了,老师也可以像家人一样,把自己的名字记在心间。这些都可以称为是教师记住学生名字的全部优点。

学生名字被老师记住的另一个重要的方面就是师生以后交流起来会更加方便,当老师在提问、安排班级工作时,可以充分考虑全班同学的水平,点名直接把学生叫来,安排给他一项或几项工作,也可以使教师的日常班级管理工作更加顺畅。

(2) 能够知道每个学生的特长并加以积极的赞赏

在与学生交往的过程中,老师要了解并记住学生的全部或部分特长,如哪些学生擅长演讲、哪些学生擅长舞蹈、哪些学生擅长歌唱、哪些学生擅长班级管理、哪些学生拥有学习特长等等。只有了解并掌握这些内容,教师在安排班级事务的时候,才能充分发挥学生的专长,妥善地安排学生完成特定的学习或工作。如推荐擅长演讲的同学参加演讲比赛或向全班同学宣传文化常识，推荐擅长歌唱的同学参加歌咏比赛、擅长学习的同学做学习委员等等。

对于学生在自己擅长的领域取得一定成绩的时候，教师要善意的、亲切的、热情的进行赞赏，表扬的作用不言而喻，它可以帮助学生取得更长足的进步，在各自的领域取得更大的成绩。而在这些表扬中，不可以带有一丝一毫的讽刺与刮阴风的语气、语调，要使学生真正感受来自于老师的春风。

3、明智地选择合适的学生做"班级干部"

在班级干部的选拔和任用上，教师要充分考虑班级的实际情况，学生的实际情况，在众多人选中选择最佳人员，由他们组成班委会，这样的领导班子才能有力地推动班级的发展，促成集体目标的实现。

在任用某位同学做班级干部之前，一定要和他面对面地交谈，了解其工作能力，教师可以提出一些比较实际的问题，考查其解决问题的能力，在谈话前后，都要对全班部分同学进行征求意见，了解该生的学习和工作情况，这对于决策起到很关键的作用。

除了征求学生本人和其他班级成员的意见以外，还要争取其他任课老师的意见，确保该生的任命可以得到科任老师的认可，这在选拔任用科代表时，作用尤为突出。

对于竞选中的失败者，教师要运用合理的、人性化的语言进行安抚和心理疏导，保证他们不气馁、不退缩，重新树立信心，努力投入到班级学习和生活中去。

班级干部的选拔任用一定要通过民主的方式，在学生中间，不可以出现"拉选票""随意颁赏许愿"，甚至出现"贿选"的现象，保证学生在投票的时候，做到公平、公正、公开的选举，以营造良好的班级气氛，让班委会成员为班级同学服好务。

4、班主任是"指挥家"，而不是"勤务员"

作为班主任，并不是所有的事情都"事必躬亲"，每一件事情都由教师独立完成，这样不仅不能完成全部工作，而且还不利于学生的全面发展，教师要充分利用班级中一切可以利用的因素，完成班级的日常管理，教师要成为班级管理的"指挥家"，而不是一个纯粹的服务员或"勤务员"。

班主任要建立科学化的班级常规，包括教学管理常规、行为常规、评比常规等，保证班级成员都按照既定方针办事，这样教师就可以轻松许多，不再为班级里的一些琐事无法解决而烦恼。

指导学生建立作息制度、考勤制度等普遍存在的管理制度，保证学生每一次付出都可以被大家所认可，每一位成员都成为一个"小明星"，每一位成员都有成为大家学习榜样的可能性。

指导学生认真履行班级制度，不可以逾越班级制度的鸿沟，严格执行规定必然会成为学生良好学习环境的重要保证。

5、班主任在学生心中的"敬"、"畏"共存

班主任在班级管理的过程中，教师要尽量做到，不在全体同学面前，批评某一位同学，因为这样会使被批评学生的心理受到严重伤害，使学生的"面子"受损。同时，也会对教师在学生心中的位置产生影响，动摇学生对老师的敬重，久而久之，学生也不会再害怕教师威严，反而变得更加散漫，班级纪律涣散，学习和生活都无法保证，班级的发展就更加无从谈起了。

6、突破班级管理中的形式主义

班级问题的出现，是师生共同造成的，针对问题的产生和发展，班主任要尽量以民主的形式进行解决。如召开一次主题班会，在班会上让每一位同学都提出自己的观点，提出自己想到的解决这个问题的最合理的办法，大家各抒己见，使问题的本质暴露无遗，从而实现问题的有效解决。还可以选择的办法就是，请一位相关的教师或专家来班级做一次报告或讲座，通过专家的讲解，使学生更加认识班级管理中问题解决的策略，为问题的有效解决提供方法上的支持。

第四节　师生合作，共创班级文化的新天地

一、摆脱青春困惑，共同面对发展

冰心曾经说过："有了爱便有了一切。"老师要想得到学生们的信任，就得从这一点出发，平时做到对学生满腔热忱，真心诚意和他们交流，不论哪个学生遇到困难，都毫不犹豫地伸出援手，这样便慢慢地和学生建立了良好的师生关爱。

与异性交往，是初中生成长发育过程中的必然行为和正常取向，但交往的程度却是家长和教师十分敏感的问题。

首先，正确的师生关系有助于教师顺利地发现和解决问题，这就需要教师在平时的生活中注重与学生关系的培养，信任的构筑。面对这个问题，教师一定要个别谈话，严守保密，千万不能公之于众。特别是学生的交往是"网恋"，就会给班主任教育学生带来更大的难度，需要班主任深入学生，调查研究，了解学生的情感需求和变化规律，有针对性地进行青春期教育。

其次，在班主任处理男女生交往问题时，要将主动权交给学生，给学生自我教育的机会，鼓励学生自己学会处理情感问题的方法，这不仅有助于解决当前具体的问题，更重要的是当学生在以后的生活中再面对此类问题时，会自己解决问题，这正验证了一句名言："授人以鱼，一餐之需，而教人以渔，终身受益"。班主任要以正确的角度去思考处理问题，从中学生身心发展的特点、情感需要入手，即理解中学生重情感、重友谊的实际，充分尊重学生对异性的情感意识，没有责怪，没有训斥，没有批评，却很好地解决了问题，这是值得很多教师学习的。班主任作为一个班级的领导者，要善于疏导，善于把我们的客观要求转化为学生的主观需要，实现学生的自我矫正与成长。

再次，青春期的困惑也揭示了一个社会问题，就是孩子们"主体意识正趋于成

熟"，以前那种老师说什么就做什么，家长怎么说就怎么做的学生越来越少了，而往往是家长说一句，学生有十句。学生常常挂在嘴边的"代沟"一词，往往就是一些具体的棘手问题。能否与他们交流和沟通是家长和教师能否早知情的前提，有了理解和尊重才可能知情，知情方可能教育。

二、师生交流，班级文化的重要基础

1、换位思考

师生间的沟通情状是"单向"还是"双向"，更多地取决于教师对双方间地位和关系的设定。"换位思考"是通过转换角色、地位来思考问题，增进双方彼此了解的思维方式。它能够改善沟通双方的关系，直接影响沟通过程的顺畅程度以及影响的深入程度。

（1）视角转换

通过调整视线角度，如"平视"、"俯视"、"仰视"等，重新设定沟通双方的地位和关系。我国传统文化对教师强势地位的设定，常常造成教师以"俯视"的姿态与学生沟通，形成居高临下的态势，造成双方关系的不平等，直接影响着沟通的效果。

（2）处境置换

将自己转换到对方的处境，来体验对方的感受，领悟对方的思想、感情。不同的处境中，对事物有不同的感应，产生不同的感受，萌发不同的想法。在与学生的交往中，教师常常会陷入单向思维的误区，忽略了学生的"具体处境"重要因素，难以产生"共鸣"，甚至引起对方的反感。只要在与学生沟通、交往时多点"设身处地"，多点体验学生的感受，就更容易接近他们的思想、感情，就能产生更多的共鸣。

（3）角色互换

通过交换彼此充当的不同角色，了解对方的思想特点、行为特征，在增进双方彼此了解中消除差异，互补互动，增加双方的和谐与协调。现实中角色的社会规定性，决定着教师与学生间存在许多差异性，这些差异性构成妨碍双方和谐、协调、合作的因素。如果师生双方能够通过"假如我是'差生'""假如我是班主任"等虚拟角色互换，甚至在真实的情景中进行互换角色的活动，彼此对对方的思想、行为有更多的真实体验，就有更深入的了解，有更好的合作基础。

听，是人们用以沟通、交往的基本方式。倾听是人们在沟通、交往时表示对讲者尊敬或重视的行为方式，也是听者对讲者的评价态度。学会倾听，意指要掌握并会运用"听"这种沟通、交往方式来了解对方，让对方在你的"倾听"中感受到被尊敬或被重视，并在你的"倾听"鼓舞下能尽情"倾诉"。在教育引导学生，在与学生的沟通交往过程中，作为一名教师，一名班主任，你会不会"听"，能不能够"听"，直接决定着你对学生的了解程度，直接决定着学生对你的反应，直接决定着教育引导的效果。

2、学会倾听

（1）能听倾诉

能够让学生对你尽情表达、倾诉，有三个必要条件：

一是情感基础。学生敢于尽情表达，学生需要尽情倾诉，显示出双方已经有了很好的情感基础，建立起了良好的沟通关系，并且表现出高度信任。

二是修养水平。无论学生表达效果如何，是长是短，是简是繁，都有足够的耐心听取。无论学生的情绪状态如何，激动或平静，偏激或中肯，对或错，都有足够的冷静去包容。

三是引导艺术。无论是情景氛围的烘托，还是节奏快慢的把握；或是用心倾听，或是悉心引导；学生都不会因为你的介入而影响情绪，中断交流，反而在双方的交融、碰撞中产生情感共鸣，擦出思想火花。

（2）会听话音

"会听话音"指能够理解诉说的内容，发现问题的本质，把握症结所在。这种境界反映出倾听者敏锐捕捉细节、深入分析问题、准确作出判断的能力和水平。特别是在面对学生陷入激动状态、发表偏激言论、失去是非判断时，能够保证学生沉着冷静和从容, 增强学生对老师的信任和依靠。

(3) 听懂心声

"听懂心声"指在倾听过程中, 进入学生的心灵深处, 把握学生的思想脉搏, 调动学生的情绪发展。反映出倾听者的调节技能与引导艺术。只有进入到这种境界中才能真正体现出"倾听"的意义。

总之, 学生每天在学校的时间要多于在家的时间, 面对班主任的时间要多于面对家长的时间, 所以班主任可以说是学生的"第二家长", 班主任不但履行着教师的职责, 同时也履行着"家长"的职责。

学生与班主任的交流, 一定要使双方处于平等的地位, 不可以有一方占据强势地位, 而另一方则要委曲求全, 以一方的压倒性胜利作为双方交流的结果, 这就要求班主任一定要把自己和学生之间的关系摆正确, 从而使学生健康成长。

第二编 实战篇

第三章 班级文化建设的外部因素
——良好的班级形象

第一节 班级的影响

一、班级的社会影响力

案例1:

两个学生家长在聊天,其中一个母亲说:"我孩子所在的班级,班主任是市骨干教师,在国内外得过各种大奖,经常参加过各种教育会议呢。"另一位母亲说:"我们家孩子的班主任原来是省属重点校实验班的,据说教学水平可高了。"

案例2:

两个学生聊天,其中一个说:"我现在正在省重点名校的重点班上学,我们班全省闻名。"另一位同学说:"那算什么,我所在班级不仅在省内闻名,而且还有网上做了中英文两种语言的网站,全世界的中学生都能看到的。"

案例3:

两个学生在聊天,一个同学说:"我们班采用的设备都是日本SONY公司的,包括计算机、投影器、电视机,我们上课经常利用这些设备看光盘,学习知识,真好!"另一个同学说:"我们班里使用的机器都写着英文,我们都不认识,只知道每个班的设备总价值,听班主任说要50万呢，你说多贵？"

案例4:

两个中学生聊天，其中一个对第二个说："小明，我昨天回家上网学习的时候，看到你们班的主页了，设计得太好了，里边还有你共享的复习资料呢，这是我在网上第一次看到班级主页，做得真好，对我帮助很大，我真想去你们班学习，你在这个班级，真让我羡慕。"小明同学说："我们班的主页，主要宣传我们班级的成果，对外扩展班级的影响力，看来真的达到目的了。去年省里的领导还给我们颁发奖状了呢。"

仔细分析上述案例，我们不难发现，班级在社会上的影响主要有以下几个方面：

①班级的主导——班主任的影响力，班主任的教学水平、办事能力、社会地位与影响力；

②班级在学校中的地位、在社会中的地位、在国家的地位与影响力；

③班级教学设施在本地区或国家的影响，学生使用情况等；

④班级在对外宣传方面的成就所造成的影响力。

下面，我们就分别来说一说各种影响对于班级文化建设的重要作用，希望这些分析可以帮助您未来建设班级文化的时候，能够充分考虑。

(一) 班级影响力的主要引导者——班主任的能力

1、班主任的组织管理能力

班主任工作既要面对班级整体，又要针对个别学生个别施教。对全体班级成员进行工作，要求班主任具有组织者、领导者的才能，善于协调班集体中各要素之间的关系，善于组织丰富多彩的教育活动，善于管理班级各项工作。同时还要针对班级中的不同学生采取不同的方法进行教育、教学、指导，使全体学生均衡发展，平衡进步。组织管理能力是班主任的基本能力之一，如果班主任缺少组织管理和个别转化的能力，班级就会溃不成军，班级管理工作就会一片杂乱，顾此失彼，班级成员即使再努力，也只能是"收效甚微"。

班主任在安排班级的各项工作时，一定要做到统筹兼顾，考虑问题要缜密，使各项工作井然有序、有条不紊，把学校的各种要求结合到本班的实际当中来，使两者互相促进、有机结合，建立合理的班级目标和规范，培养学生自强、自信、自理能力和精神，使学生置身班级之中，有一种宾至如归的感觉，每个人都愿意为班级的发展做些贡献，从而在班主任的领导下，完成班级的目标。

班主任在班委会组成的工作中，要表现极端负责的能力，要善于使用能人来协调班主任管理班级，并要注重形成正确的班级舆论导向等方面。良好的班级影响在很大的程度上取决于班级集体的组织上。因为一个强大班集体组成以后，就可以形成一种强大的教育力量，每个学生的成长，都会依赖这种力量来约束自己的行为、陶冶自我情操。班集体的组织的关键性因素，是班主任的创造性工作的能力，在班主任这种能力得到发挥的同时，班级成员才能在教师的引导下不断向新的目标前进。

2、班主任的应变能力

班主任的应变能力，是班主任在班级立于不败之地的法宝，也是班主任管理班级的利器。应变能力是指班主任善于顺应班级发展的趋势，引导学生顺势而下，形成班级发展的合力，灵活机动地处理班级发展中出现的这样或那样的问题，使学生心中有班级，心中有班主任，心中时刻想着班级的发展，这其中也必然包括那些突发事件，这是班主任能力的集中体现，更是智慧的集中体现。

班主任要注重学生的差异性，学生的性格差异、情绪差异、个性差异千差万别都是班主任需要关注的。在班级发展中，每时每刻都在发生着不同的事情，班主任在处理这些事情的时候，要充分考虑到学生的差异性，利用学生的差异性，解决学生间存在的问题，如两个学生吵架了，老师在处理这个问题的时候发现，两个学生中的一名是十分要面子的人，另一个则是得理不饶人的学生，对于前者，老师把他带到办公室个别谈话，而没有在大家面前批评他；而对于后者，班主任摆明利害，晓之以理，动之以情, 利用更加灵活的方式解决了这个问题。这个例子充分说明班主任在面对学生的差异性时, 一定要仔细调查研究, 掌握学生的千差万别, 从而为完成班级管理工作打下坚实的基础。

3、班主任的交往、协调能力

班主任在组织班级日常管理时, 交往协调能力是一个重要的方面。而实践证明, 班主任不可能单独完成班级的管理, 必须依靠各种社会的、学校的、班级的力量来管理自己的班级。而这其中班主任的交往能力尤为关键, 这里谈到的交往, 主要包括以下几个方面:

(1) 班主任与班级中学生的交往, 班主任是学生最亲的人, 学生经常在其他人面前表扬自己的班主任或者批评班主任, 所以, 班主任与学生的交往一定要平等民主, 协调与班级里不同学生的关系。这种交往是最基本的交往。

(2) 班主任与科任老师之间的交往。科任老师往往会把自己在课堂上遇到的问题反映给班主任, 班主任只有与科任老师通力合作, 共同完成班级学生的教育、教学和管理, 班主任与科任老师的关系好, 班级学生是最大的受益者, 相反, 如果班主任与科任老师关系处理得不好, 直接受影响的就是本班学生, 因为科任老师可能会因为与班主任的关系紧张而"虐待"本班学生, 使学生学不到真正的知识, 影响了学生的发展。

(3) 班主任的社会交往能力。班主任虽然工作和学习在一所学校, 但是在教育学生的时候, 班主任的社会威望对于班学生来说也是一个重要因素。如班主任是其他学校的名誉教师, 他就可以在教其他学校学生时, 利用资源共享, 使自己的学生同时获得宝贵的资源, 促进本班学生的发展。同时, 班主任还可以使本班的学生与兄弟校的学生进行面对面交流, 在交流中完成特定知识的教学。另外, 班主任与社会相关部门的协调, 也可以帮助本班学生更好地完成学业。

(4) 班主任与家长关系的协调。家长是学生的第一任老师, 老师是学生在离开家的时候出现的，因此，这两位老师之间的关系直接影响着学生的发展，班主任要善于与家长沟通，了解学生在家中的情况，进而在班级管理中结合学生的家庭背景和实际进行针对性的教学，使学生爱校如家，从此不在区别学校与家庭的关系。说到班主任与家长沟通的途径，主要有这样几种：如家访，班主任定期或不定期地去学生家里走访，与学生的家长、长辈、周围邻居等交谈，可以获得第一手资料，帮助班主任决策。

4、敏锐的洞察分析能力

作为班主任，必须要了解班级的每一位学生，做学生的良师益友，而这一切的前提就是班主任的洞察分析能力。赞科夫说："对一个有观察力的教师来说，学生的乐观、兴奋、惊奇、疑惑、恐惧、害窘和其他内心活动的最细微的表现，都逃不出他的眼睛，一个教师如果对这种表现熟视无睹，他就很难成为学生的良师益友。"一个具有敏锐洞察分析能力的班主任，会从细节方面观察班里的每一位学生，甚至学生的一举一动、一笑一颦都被纳入老师观察的范围，通过这些现象的观察，分析学生未来可能的发展趋势，把不好的问题解决在萌芽状态，控制事态的发展。

5、使学生心悦诚服的力量

例如，在某市的一所初中，有一天，体育老师带领着一个班的同学来到乒乓球馆，准备进行乒乓球训练。这时，有一位男同学根本不听老师的讲解，而是找了另一位同学在最后面的台上打球，而且打得异常热烈。这时，体育老师发现了这两位学生的不良表现，当着全体同学的面，老师狠狠地批评了学生，其中不乏严厉的措辞："你以为你是什么东西？你打球打得特别好吗？你这点东西算什么？"学生听了之后，心里自然是很不舒服，但当时他并没有作出反应，而是默默地承受着这种侮辱。大约十年以后，这名男同学回母校看望老师，当见到体育老师的时候，他告诉老师，他已经由省队进入国家二队，并把自己的二十几个证书和奖杯拿给老师看，老师看到这些，惭愧地低下了头，再也说不出话来。

通过分析上述例子，老师在处理学生出现的问题时，是极不冷静的，也不能怪学生最后会在老师面前那样展示自己的荣誉。这体现在班主任对班级管理时，也要以一种让学生心悦诚服的力量来影响学生。首先要使学生"心悦"，也就是说，在批评学生的时候，一定要注意方式方法。使学生在愉快的情绪下，接受教师的批评，比如学生向老师请假，说自己在未来几周内都有一件重要的事情要做，可能几周都不能来上这节课。任课老师听了之后，按照原来的想法，肯定会大发雷霆，追问学生为什么为了自己的事情不来上课？而这位老师却没有，只见他笑着说："首先，我要向你道歉，因为学校安排课的问题，耽误你所说的'大事'，对不起，老师错了，老师的上课耽误了你的事情，我请你原谅。"这句话一出口，学生的脸一下子涨红了，连忙说："对不起，老师，您没有错，是我错了，我不应该提出这种无理的要求，谢谢老师，您没有批评我。"说完，笑了一下，转身回去了。其次，要使学生心服口服，班主任要以各种方式说服学生，认清自己的错误实质，并提出相关建议，帮助其改正自身存在的这样或那样的问题。

6、语言表达能力

班主任的语言技巧，是班级文化建设的重要组成部分，也是班级影响力的重要体现。语言表达，就是把自己的思想、感情、知识、意愿、要求等，通过语言准确表现的能力。正确的教育思想，要通过准确的语言来表达。要启迪学生的心灵，要陶冶学生的情操。班主任应当是语言艺术的专门家，除了一般教师所要求的语言要准确、明了、简练、通俗、规范、流畅外，还应当具有说服力、感染力、鼓动力，能使学生入耳、入脑，能打动学生的心灵。

(1) 采用准确，鲜明，生动形象的比喻。例如，用"被同一块石头绊倒两次，这是一种灾难"的比喻来教育学生不要重犯错误，这就比干巴巴的说教要好得多。

(2) 引用一些诗句、典故、轶事来借题发挥。例如，在"争分夺秒，为中华腾飞而努力学习"的主题班会上，用"不知道明天做什么的人是不幸的"、"时间是组成生命的材料"等话题起到先声夺人的效果。

（3）应用富有哲理性的警语、格言、绝句。一些脍炙人口的至理名言，会使学生刻骨铭心，长时间地回味。一位毕业生给中学班主任老师写信说，老师讲的"有所作为是生活中的最高境界"这句话，给他留下深刻的印象，使他受挫而不馁。

（4）讲求风趣、诙谐和幽默。平淡、单调、枯燥的语言引不起学生的兴趣和积极思维，而趣味性的语言具有特殊功能，运用广为流传的笑话、典故来调节、刺激学生的思维，能收到较好效果。

（二）班级的地位

在现在的班级管理体制中，学校通常按照学生的成绩，将学生分配在不同的班级里，这样就产生了所谓的"实验班"、"特快班"、"二快班"、"普通班"。在这些不同等级的班级里，学生的基础是不同的，学校的关注程度也是不同的，配备的教师也有所不同，班主任也有不同。总之，不同的班级造就了不同的班主任，不同的学生，不同的成绩，不同的升学率，不同学生的未来。

1、"实验班"的影响力

这种班级是最具影响力的，这个班级的学生在入学前，都是成绩比较理想的，社会上学生和家长会趋之若鹜，纷纷会把学生加入这个班级，这虽然不是一个好的现象，但是"可怜天下父母心"，家长的这种心理趋向也是可以理解的。这正是这种班级社会影响力的一种体现，说明班级在社会上的影响直接关系到班级的发展。

"实验班"目前在社会上的影响可以说是家喻户晓，每一个学生的发展都直接牵动着学生家长的神经，家长通常这样认为，只有进入这样的班级，学生的未来才真正有了希望。

2、"特快班"的影响力

相比之下，这种班级的影响比起"实验班"要略逊一筹。这个班级的影响力直接由教师的水平决定，教师在这样的班级教学略感吃力，因为学生的水平不如"实验班"学生的水平,教师的水平也有这样那样的区别,"特快班"是学生入学前的第二选择,是在学生心中比较具有影响力的班级,更是学生特别想加入的班集体。

3、"二快班"的影响力

"二快班"已经是学习不太理想的同学的最后选择,也是班级人数仅次于"普通班"的班级,学生由于成绩不及他人,所以只能退而求其次,选择"二快班"来替代自己进入"普通班"的命运。所以这种班级的影响力也是不可忽视的。

4、"普通班"的特殊影响力

也许您看到这个标题会觉得奇怪,"普通班"是学校里最多的班级,最普遍的班级。但是这里面还存在着一个学校性质的问题,在重点学校,"普通班"也是学生的重要选择,而这时学生选择时不再是思考教学质量,而是学校的性质,是否是重点学校,即使是重点学校,也存在国家重点、省属重点、市重点等区别。

所以,"普通班"如果在重点校,也是众矢之的,学生也会蜂拥而至。班级的成员也会爆棚。

(三) 班级软、硬件设备的影响力

1、班级的硬件设备的影响力

班级建设过程中,必然涉及到硬件设备的使用,学校在给班级配备设备的时候,必然会选择市面上比较普遍的,比较高级的,质量精良的。

例如投影器,现在市场比较普遍的为日本、韩国及国产的大品牌,其质量好、耐用,成像质量高,图像清晰、信号还原性好,能够真实地反映事物的本来面貌,因此,这一类的设备通常是班级最经常用的,也是学生在选择班级的时候要考虑的因素。

再如银幕,有玻璃滚珠、平面的等几种,这几种银幕最大的特点就是使用起来成像清晰、善于保存,而且具有很高的使用价值。银幕与投影器的结合,使得多媒体教学落到实处,学生的学习成绩也会取得进步。

电视机，是班级里比较重要的视频设备，学校内部的电视台播放的节目，以及国内外的大事，同学们都是通过这部电视机来获得相关信息的，所以电视机的作用不言而喻。

2、班级的软件影响力

在班级软实力比较中，教学应用软件的使用，是一个非常重要的元素。

在教学过程中，老师授课所使用的课件的制作软件，是教学中十分重要的因素，比如Flash、VB程序设计、JAVA程序设计等。这些软件的使用，使得学生学习的兴趣会更加浓厚，有了兴趣以后，学生就会愿意跟着老师学习知识，掌握技能，学生在考虑进入某一班级之前，这个班级的教学应用软件的使用是他们思考问题的重要方面。班级教学中的学习应用软件的使用也很重要，学生在业余时间，可以利用本班计算机中的相关软件进行学习，学习如Photoshop、视频、音频制作等。这不仅丰富了学生的日常生活，也使得学生扩展了知识面。

(四) 班级对外宣传的影响力

班级要想成为一个地区、一个城市、一个省、一个国家的重要阵地，必须加大对外宣传自己的力度，加大自己的宣传，就等于让更多的人、地区和国家知道你的班级。

作为班主任，无论在什么场合，都必须立足于宣传本班的特色，使所有在校生都了解本班发展的实际情况。

与此同时，班级通过主页的设计，扩大向社会宣传本班的程度，使本班的精神、班风、学风、学生的作品、复习的资料提供给其他相关人员，这样不仅宣传了自己的班级，而且促进了知识的发展。

班里的每一位同学都有宣传本班的义务，班主任要鼓励本班学生对外宣传自己所在班级的重要成果，如师生关系、生生关系、学习氛围、班级活动等方面，都可以成为学生对外宣传的领域。

通过上述几种方式，班级在社会的影响力就会不知不觉中"随风潜入夜"般地深入人心，让社会上许多人都知道这所学校、这个班级的实际情况，让自己的孩子在了解了本班实际的基础上，选择这样的班级作为自己学习的阵地，这对于学生个人、班级、学校的发展都是有百利而无害的。

二、班级在学校的影响力

1. 班级要努力为学校增光添彩

俄国作家托尔斯泰说："理想是指路明灯。没有理想，就没有坚定的方向。"作为班主任，最大的理想就是要把自己的班级建设成为一个好的班集体，让每一名学生都能在这个集体中快乐地度过每一天。那么，什么样的班集体才是好的、先进的班集体呢？试想，在生活中，什么样的东西才是好的东西？那就是我们通常认为的名牌、品牌，因为这些商品让百姓放心，使消费者满意，质量优，信得过。那么就一个班级而言，自然也就是教育市场上的一件商品，是中高考竞争大潮中的一个竞争个体。作为班主任，要想让自己的班级能够在激烈的竞争中脱颖而出，也应该使其具有品牌价值，发挥一种班级品牌效应，从而鼓舞全班战斗士气。因此，班主任要在班级中倡导一种品牌理念，时刻激励班级成员，希望通过全班同学的共同努力，形成一种"人人争当班级主人，个个都是班级形象"的良好风气，力争打造一个班级品牌。

一个品牌班集体，集体中的成员应有明确的目标，全班同学在教师和班干部的领导下，齐心协力向目标努力奋斗，团结一心，互相帮助，遵守集体纪律，维护集体荣誉和利益。集体中的每个成员都能在集体中成长、进步，且都能发挥自己的长处，为集体作贡献，营造一个温馨、快乐、和谐、向上的优秀班集体。这样的班集体，不仅是教师和学生的骄傲，还是这个学校的骄傲。

学校的每个班级都和谐，学校才会是一个和谐的环境。例如在一个班级里，所有的同学都和其他同学和睦相处，大家互谅互让、互相帮助。试想，学校的整体环境怎么会不和谐？例如，在某校八年级的一个班级里，班级的各科科代表都是这个学科的带头人，学生们心中把他们尊为神明一样，有一次，学校组织数学、物理知识竞赛，这个班的两个科代表参加了学校的初赛，取得了第一名的成绩，进而又参加了市里的比赛，取得了前两名，最后一直参加国家级别的比赛，并取得了第三名和第四名的好成绩。学生为学校争了光，同时也给学校带来了数学、物理实验基地挂牌仪式，国家在这所学校设立数学和物理培训实践基地，两位获得成绩的同学，都做了培训基地学生小组的组长。经过这样一项活动，涌现出两名成绩优异的学生，为学校取得了好成绩，并给学校带来了实际的好处，这正是班级的和谐给学校带来的影响。

2、班级成员的责任心

责任，即职责、任务，就是应该做的分内的事情。责任是一个人的支柱，责任是一个人的灵魂。

责任感作为一种道德情感，主要是指一个享有独立人格的社会成员对自己应该承担的职责、任务和使命的态度。责任感是一个民族赖以存在和发展的基础，是当代社会每一个公民都应具备的基本品质，也是构建社会主义和谐社会的关键。

当一个人成为社会的一分子的时候，责任就不知不觉地落在了你的肩上。我们每个人都不可能离开社会而孤立存在，而社会又是由相互联系、不可分割的不同职业组合而成的。在这个组合体中，社会成员分别从事各种不同的职业，担负着各种不同的责任：你是家庭的一员，就要承担起家庭的责任；你是学生，就要担负起学习的责任；跨进工厂，就有生产工业产品的责任；走进田野，就有生产粮食的责任；走上讲台，就有教书育人的责任；拿起手术刀，就有救死扶伤的责任……只有从事各种不同职业的人都有了崇高的事业心、强烈的责任感，都尽心尽责地做好各自所从事的工作，尽心尽力地去完成各自所担负的责任，整个社会才能进步、才能发展。

很难想象，一个责任心缺失的民族，能够自立于世界民族之林。今天，中华民族之所以能够自立于世界民族之林，就是因为我们有无数具有强烈社会责任感的仁人志士，有他们的鞠躬尽瘁、恪尽职守、敬业奉献，不是吗？从范仲淹"先天下之忧而忧，后天下之乐而乐"的远大抱负,至顾炎武"天下兴亡,匹夫有责"的振臂呼喊,再到毛泽东"问苍茫大地,谁主沉浮"的雄心壮志和周恩来"为中华崛起而读书"的铮铮誓言,无一不表现出他们忠贞爱国、心忧天下的强烈的社会责任感。

作为学校的细胞,班级成员的责任都是与学校的命运息息相关的。只有每个班级的每一个成员都把学习的进步、班级的发展、学校的进步作为一种责任来面对,学校的责任才会得到体现。

第二节　班级特色

一、班级口号、班风、班训

1. 班级的口号

纵观国内外一些优秀学校,其发展速度之快,学术水平之高,都是我们望尘莫及的,而究其内部原因,笔者发现,这些学校的班级里,都有着特别催人奋进的口号,在这里,笔者列举一些班级的口号,并通过分析,揭示出口号背后的实践意义,希望可以达到抛砖引玉的作用,帮助中学班主任建立良好的班级文化。

(1)历春夏以苦为乐恒心架起通天路;搏中考梦想成真勇气推开智慧门。

这个口号谈到的是学生要有一年四季之中发奋努力,甘于寂寞,苦中作乐,铺就自己成功的道路,在通向中考的道路上,不断地打开知识的大门,进而为勇攀知识高峰而努力奋斗,永不退缩。

这样的口号,可以使学生树立正确的做学问的思想,树立远大的目标。

(2)三年磨剑为一搏,六月试锋现真我!

这个口号谈到了学生历经九年义务教育之后,终于要在六月份的中考中一展身手,实现真正的自我价值。

这样的口号，起到了鼓励学生尊重自己九年来的学习成果，在前面的艰苦努力之后，最终取得优异的成绩。

(3) 今日寒窗苦读，必定有我；明朝独占鳌头，舍我其谁？

这个口号谈到了学生学习的艰辛，是为了今后能够取得更大的成绩，今天虽然学习很苦，可是这是日后取得成功的必经之路，我们要认清自己当前的处境，为了自己的将来而不断地努力学习，只要努力，成功就一定属于自己，一定能够脱颖而出。

这样的口号，鼓励学生既要注重眼前的一切，但是还要有长远的眼光，想到自己的将来，把现在的苦作为将来的甜的重要基础。

(4) 滴水穿石战中考如歌岁月应无悔；乘风破浪展雄才折桂蟾宫当有时。

这个口号谈到了学习中的循序渐进，学习要一步步地推进，犹如水滴石穿一样，学习知识的时候要有蚂蚁啃骨头的精神，作为青少年，我们要为自己谱写胜利者的青春这歌，在歌声中成长，在歌声中无怨无悔地前进，待到时机成熟，学生在中考的大风大浪中鹰击升空，征服知识海洋中的一切困难，自然会有学生的成功作为鹰击升空的最理想的结果。

这样的口号，鼓励学生在知识的海洋中乘风破浪的精神，而所有的风浪都要正确面对，不可以退后，只能勇往直前。

(5) 六十同窗同甘共苦拼搏从此时；九载春秋风雨兼程成败在今朝。

这个口号谈到了全班同学共同为了大家的目标努力前进的现象，并且充分认识到九年的努力今天终于要有一个结果的现实。这是学生们认清历史、一往无前的革命精神。

这样的口号告诉我们，无论在什么情况下，我们都要勇于面对眼前的一切益处和困难，不能忘记自己多年来的辛苦努力，而应该再接再厉，取得更大的学习成绩。

(6) 天下断无易处之境遇；人间哪有空闲的光阴。

这个口号谈到了学习中的困难，是学生重要人生态度的集中体现，学生要充分认识到，世上的事情往往都是困难重重，没有那么多一帆风顺的事情，学生们的一切努力都是为克服这些困难，实现自己的伟大目标。同时，人生不能在清闲中度过，一定要忙中有闲，一张一弛，这样才能取得成功。

这样的口号对于学生树立正确的人生观、价值观是非常重要的，学生在学习和生活中，要正视各种困难，把这些困难作为人生的一种历练，而不是自己成功的绊脚石，人生的清闲与繁忙是相对的，只有认清两者之间的关系，才能在成功的道路上一路向前，永不言败。这种鼓励学生正视困难，认清闲忙辩证关系的口号，对于学生制订学习计划，规划自己的未来的重要基础。

(7) 习惯决定成绩，细节决定命运。

这个口号谈到了学生的学习习惯对于成绩的重要性，学生只有养成好的学习习惯，在进入状态的时候进行学习，在最佳的青春时光投入到学习中去，这种习惯一定会帮助学生取得成功。而学生的成功除了好的学习习惯之外，还要注意学习中的各处细节，不可忽视细节对于学习成绩的重要意义。学生的命运就体现在这些学习和生活的细节之处，正所谓细微之处见真情。

这种口号可以帮助学生树立学习的信心，努力养成好的学习习惯，习惯决定着学生学习成绩和未来的发展，而细节与习惯并重，可以帮助学生将自己的成绩和生活都取得长足的进步。

(8) 要成就大事，先做好小事。

这个口号谈到了"莫以善小而不为，勿以恶小而为之"精神的同等作用，要求学生要想取得学习的成功，必须从一点一滴做起，不要以事情的大小来判断事情的重要性，即使是一些小事，为了自己的将来，也要去做，不可以忽略学习的小事，这些小事往往是有一定作用的，而不是没有任何作用的。要想成就一番大事业，必须从这些小事做起，不可以因为事情小就不去做。

这种口号帮助学生避免只抓大事而不顾及小事和细节，鼓励学生要全面地看待学习过程中的各种事情,从小事做起,最终实现大事所确定的目标。

(9) 失败的尽头是成功,努力的终点是辉煌。

这个口号谈到了失败与成功的关系,学生努力的最终结果的确定,这都是帮助学生认清失败和成功的关系,努力与辉煌的关系,鼓励学生只要努力就一定会接近辉煌的终点。

这种口号的提出,失败与成功是一对辩证的关系,只有弄清失败是成功之母的道理,才能正确处理遇到失败时的低落情绪,并且能够增加努力的程度,造就辉煌。

(10) 耕耘今天,收获明天。

这个口号谈到了今天的工作与明天的成功的关系,只有今天不断地耕耘,明天才会有丰厚的收获。学生要认清今天与未来的关系,充分利用今天,努力耕耘,明天就会有成功的结果,收获明天的希望。

这种口号的提出,保证了学生在今天与未来的关系处理上不迷茫,不彷徨。认清形势,当机立断,努力解决今天的问题,期待明天的成功。

2、班风的作用

班风是班级以价值观为核心、有特色的氛围、行为方式、习惯等等。班风是一个班级与其他班级不同的氛围和习惯。

班风的核心是价值观。不同的价值形成不同的道德氛围、心理氛围和知识氛围,包含着善恶、美丑、好坏、优劣、雅俗的评价。教师们谈到某个班的班风时,总是先说是否有"正气",那里是"正气压倒邪气",还是"邪气压倒正气"就是这个道理。班级多数学生认同好的价值观,就说这个班风是好的,班级多数学生认同不良的价值观,班风就会出现问题。

优秀的班风能给班级提供动力、维护力、凝聚力。积极向上的班风能推动班级学生前进,班级有正气,对破坏因素就有抵抗力,这和健康人体抵抗力强道理一样。至于凝聚力,显然班风好的班级不会是一盘散沙。

第一，引导班风旨在原有班风基础上有所提高，必须使它达到某个标准状态。班风引导不可以设置标准答案。班风是一种风格，培育班风有相对统一的大方向，完美的班风是不存在的。

第二，班主任的个性有可能对班风产生影响，特别是班主任个人魅力突出或者学生年龄小。班主任要注意不要企图让全班同学都和班主任个人的喜怒哀乐保持一致，否则可能会压抑某些学生。

第三，引导不是万能的。引导只是培育班风的手段，培育班风要综合使用很多手段，并恰当地使用合适的手段。现在的问题是班主任用真正引导的手段太少，运用其他手段太多，常常误以为自己的管束就是引导。

3、班训的作用

班训具有时代性、纲要性、劝勉性、创造性、实践性等特点，也是校训的诠释，更是特定的教风与学风的注解，学生言行的警示。和忠告，它从定势心理、认可心理和强化心理出发，指明了班级的努力方向与行动准则，构成了校园、教室文化的重要组成部分。

班训可以多层次、多时段、多形式地运用和阐发其内涵，并进行并郑重其事地进行设计地设计，诸如布置于教室正前方的显著部位，与国旗、班徽、班规相配套，与后面墙壁的锦旗、奖状相映衬。班训要精选而且独创，既要倾注社会、教师和家长的期望与导向，又集中代表全班同学的心声与夙愿，只有经过独立思考，集思广益，认真酝酿，若一经确认即作为准绳，并加以贯彻落实，才能真正起到润物细无声的潜移默化效果。班级管理的着力点是为学生的全面发展奠基，对此我们应该以创新、务实精神，利用班训去点拨和诱导学生，共建一个朝气蓬勃的班集体，正如德国教育家第斯高惠所说的"教学艺术的本质不在于传授的本领，而在于激励、唤醒、鼓舞"。

二、建立健全班级制度

1、班级制度的内容

(1) 学生的学习习惯

学校班级的习惯性规则比较多，如师生间的称呼，这是师生间建立关系的第一步，按照我国的传统，师生之间要以"老师"和"学生"相称，因此，学生在教学过程中，要时刻把老师作为对教师的称呼，而不能直呼其名，这是极不礼貌的行为。

(2) 道德规则

人们通过教育和经验习得的条件反射，优秀地服从的行为规则，主要是指道德。在一个班级里，道德规则十分复杂，如教师要爱学生、学生要诚实守信、要采取合理的方式惩罚犯错误的学生等等。

(3) 礼貌

学生在学校里除了学习之外，还要学习一些基本的礼貌，学会待人接物，习俗和礼貌是由组织中的他们非正式地监督执行。如学生在见到教师时要问好、同学之间要谦让，学生之间的关系要和谐等等。

(4) 普遍适用的规则

在班级管理中，学校的《中学生守则》和《中学生道德行为规范》这些普遍适用于中学教学和管理的公约，作为一种具备一定约束力的规则，以有力的方式保证学校教学秩序的正常运行。

2、班级制度的功能

(1) 引导功能

班级制度对于班级的全体成员除了具有约束力之外，还具有指引学生走向更好的未来的功能。学生在这些制度的引导下，灵活地发展着自己的能力，朝着自己设计的美好未来义无反顾地前进。

(2) 警示功能

学生在日常生活中，必然会出现一些问题，对于学生的不正当、不规范的行为，班级制度是能够起到一定的警示作用的，当学生触犯了规范中的某一项时，自然而然地就知道自己应当承担什么责任，他们就会从心往外畏惧制度的约束力。

(3) 纠偏功能

由于中学生正处在人生发展的重要时期，而这个时期又是学生最容易走弯路的时期，而班级制度的出现，可以帮助学生纠正错误、指引正确的方向，必要的时候，还要按照班级制度严厉地惩罚犯错误的学生。

3, 班级制度的制定

(1) 集体协商, 制定班级制度

本班全体成员参与制定班级制度规范时，不能由班主任一人或班委会闭门造车，其他同学的参与只流于形式，而应该在大家广泛讨论的基础上共同完成。因为只有做到这一点，制定的班级制度才能代表全班所有成员的意志，而且全班各成员才会认可并自觉维护和执行，而不会因为只代表了少数人的意志，而遭到全班同学的反对。学生在制定制度时的感情投入，是制定的班级制度更容易理解、在行动上更容易自觉遵守的基础和保障。

(2) 班级制度的目标是引导班级的发展

制度是有强制力、约束力的，对天真烂漫发展进步的学生而言，未必要"板着面孔"，制度的内容可以是人文化的。班级制度的语言表达可以采用活泼生动、学生易于接受的形式；其次班级制度所涵盖的内容不应该太绝对，因为学生是世界观还未形成、自控能力较差的正在发展中的群体，生活中是处于"犯错不知错"或"犯错不自觉"的状态，应该允许学生犯错误。制度制定的目的并非是要杜绝学生犯错误，而是在于引导学生认识错误和改正错误。

(3) 班级制度的必要性和可操作性

班主任在制定班级制度之前，一定要充分地调查研究本班的实际情况，掌握班级现状的第一手材料，还要与学生进行广泛的交流和沟通，了解学生正在想什么，这一切都为班级制度的制定提供必要性。在广泛参与研究制定出班级制度之后，还要考查这个既定制度的可操作性，一定要使已经制定的班级制度可以在这个班级起到督促、引导的作用。考虑上述两个方面，制定班级制度不宜太复杂，表述应通俗易懂。

(4) 抓好班级制度的宣传与落实

在班级制度制定以后，说明本制度已经得到班级大多数学生的满意，而接下来的工作就是一定要充分班发挥级的宣传优势，大力宣传本班的制度，并促进制度的落实。

加强对学生的制度宣传使学生正确理解各项规章制度的内容，明确遵守规章制度的作用。在班级活动中促成学生养成好的行为，为了宣传班级制度，班主任可以有计划地开展形式多样的活动，促进班级制度的学习，使学生在活动中记住班级制度中的条目，并在活动中养成好的行为。当学生出现不良行为的时候，宣传班级制度就更加要发挥其督促作用了，通过向犯错误的同学宣传班级制度，使他们认识到自己的错误，在今后的学习和生活中端正自己的行为。

三、多彩的"墙报"

1、展示学生才能的舞台

班级文化建设形式多样，内容丰富，例如板报、名言、班训、字画等。在这些形式中，板报最灵活、最多变，也最能体现学生的主体意识，班报的设计、美工、抄写、供稿等均要全体同学集体参与，分工协作，共同完成。他们在参与的过程中，会寻找美、发现美、得到尝试成功的快乐。这种主动地、积极地锻炼，必然会丰富他们的工作能力、实践能力，增强协作意识，成为展示学生潜质的舞台，同时也增强了他们的集体意识和观念。例如, 新学期第一期我设计了题为"班级——我的家"的板报, 并布置每一位同学提供一份板报材料, 但不少学生很漠然, 认为与己无关。当我收取稿件的时候, 只有三四位同学写了, 其中一个是设计的主题画。我抓住机会, 对投稿同学的责任心和荣誉感大加赞赏, 对其稿件稍加改动, 便在板报上刊出, 并针对板报的问题开了一个主题班会: "让板报成为我们的舞台"。同学们认真讨论, 深刻反省, 形成了一致的看法: 板报可以提高我们的综合能力。最后我总结说: "同学们, 班级的板报就像农民的一块耕地, 播下种子, 才能收获丰收, 否则只能一片荒芜。我们在这块田地里播下知识和创造的汗水, 收获着难以看到但一生受用的能力! 让我们共同参与, 在这个舞台上展示我们的风采! "接下来的第二期"老师, 我们与你同行"的板报的稿件如云, 有摘录、有自己撰写, 有的设计版面, 有的主动报名抄写……大家争先恐后, 竭力想让自己的作品在板报上展出, 用最美最亮丽的色彩装点这片田地。

2、自我教育的主阵地

著名教育家苏霍姆林斯基说过: "只有能够激发学生去进行自我教育的教育才是真正的教育。"班主任工作有其自身的结构, 只有构建出了自己的工作的结构, 并按照这个结构去工作的时候, 才有可能真正走向科学化。在班级工作中, 班主任应根据学生心理特点, 可以建立一种自我管理的模式, 使学生按自己的思维模式去思考问题, 个性得到充分发展, 他们才能发挥创造力。另一方面, 学生的能力不是老师灌输出来的, 乃是靠学生自己去实践、感悟、内化而形成的。由于班级板报是学生自己创造出来的, 是集体劳动的成果, 其内容更容易打动每一个学生。例如, 结合历史事件对学生进行爱国主义教育。"国庆"、"一二·九"运动、"三·一二 植树节"、"五四青年节"等均可作为板报主题, 学生在收集这类材料、组织取舍的过程中, 就受到了一次爱国主义的良好教育与熏陶。当板报出好后, 每位学生都会在有意或无意中受到影响, 这样, 便会出现细水长流、潜移默化的效果。再如, 班主任可以针对学生中存在的某一类现象作为板报的主题, 展开讨论, 使学生辨别是非, 提高认识, 像"友谊"与"早恋"、上网吧、看武侠小说等内容均在板报上出现过，而且教育的效果很明显。此，板报这个"小气候"的作用不可低估，所谓"环境能创造人"就是这个道理。

3、班主任的喉舌

班主任对班级的管理乃至对学生的表扬或批评都要通过语言的传递，有的需要用一些形成制度的条文，如班级公约、值日分工细则；另一种则需要定期地检查总结，以督促学生的行为规范，如"一周常规管理回顾"、"班主任寄语"等可以在板报开辟一角，设表扬与批评专栏，从而在班集体中营造一种竞争的氛围，让学生在学习、生活、纪律等方面竞争，培养学生的竞争意识。班主任也可以通过板报为学生设置各种竞争的舞台。高一新生入学，一下子进入紧张的高中生活，一时适应不了，学习起来有时被动，我通过一段时间的观察，发现畏难厌学的情绪在个别学生身上不同程度地存在着。针对这个问题，在新学期板报上"班主任寄语"一栏中，阐明学习目的、态度及其方法，并在学期初召开班会，就这一主题让学生讨论，通过讨论使他们明确了学习目的，刻苦学习不仅仅是为了升学，更重要的是为了生存。在此基础上，我及时地给他们介绍学习方法。这次班会对学生触动很大，解决了他们的学习心病，激发了解他们的学习潜能，形成了一股努力奋进的学习氛围，成绩也明显提高。

第三节　班级组织概况

一、班级的组织机构

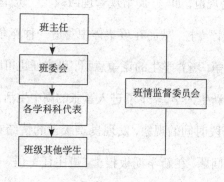

班级组织机构图

　　班主任是一个班级领导集体的灵魂,在班级组织机构中处理绝对的最高位置,班级事务由他负责统筹兼顾,负责召集班委会会议,征求全体成员的意见,管理班级的日常事务,拥有相对的"最高权力",而且要受到全班同学的监督。

　　班委会,是班级里的基层组织,负责班级所有的决策,向班主任负责,协调班主任管理班级事务。班委会通常由班长、副班长、学习委员等主要人员构成,他们各司其职,管理着班级。

　　各学科科代表,负责协调科任老师完成各科教学工作,并协助教师完成作业收取等日常工作。

　　班情监督委员会,是一个基层组织,帮助监管全班各级人员和各类事务,负责定期向班主任提供意见和建议。

1、班委会成员的修养

作为班委会成员，要有意识地学习一些理念和先进人物的事迹，以提高自身的思想认识和修养。同时，还要求班委会成员作风正派、为人诚实、学习努力，生活相互，工作主动，积极地为同学服务，班主任要表扬其成绩，指出缺点，表扬时可以点名，批评时最好不要点名，如果实在有必要，可以在课余时间个别谈话，这样不容易挫伤班干部的积极性，而且有利于提高其他班干部的认识。班干部要严格要求自己。

2、班干部要积极主动承担一些班级责任

在全班性的活动开展之前，班主任一定要对班干部进行一些安排，切忌由班主任包办代替，要放手要让学生干部独立去完成工作。活动前，班主任要召开班干部会议，作出相应的安排，要求任务明确，既要有统筹安排，又要责任到人。

3、班主任要善于协调班干部之间的关系

学生干部应该团结一致，互相支持和帮助，只有这样才能有效地开展工作。当学生干部之间因误会、妒忌、争功劳、推责任等而发生矛盾冲突时，班主任要剔除偏见和感情因素，深入了解，在与有关班干部交换意见、分析原因之后，将有关班干部召来开会。在会上班主任不必急于判明是非责任，而应循循善诱，推心置腹，启发双方自觉，反省自身的不足，从而使矛盾得到合理解决，恢复班干部之间的团结。

二、班集体规范

班主任是一个班级的组织者、指挥者和管理者，班主任需要虚心向其他老师学习，努力提高自身素质，更新观念，大胆采用较科学的管理方法，从班级学生的实际情况出发，采取行之有效的途径、方法，对学生进行管理、引导，使班级各项工作走向正轨，经过一定时间的管理与教育，一个团结协作、遵纪守规、积极向上、学风正、习惯好的班集体已经形成。

1、改正班级成员的坏习惯，学生成长的第一步

在中学班级里，经常会有一个或几个特别蛮横、以大欺小的黑社会老大似的问题学生，有些初做班主任的人，可能根本无法适应这种特殊的情况，班主任深知一个道理"不怕横的不怕愣的就怕不讲理的"，所以班主任企图跟他们沟通，做他们的思想工作，但这些学生往往就是愿意讲歪理。而且这种现象似乎传染，班里的一些意志不坚定的孩子也都跟着他们一起变坏了，班里出现了几个特别难管理的钉子户。几个同学打闹，弄坏了教室玻璃，教室里、卫生区纸花到处丢，值日生不按时到位，值日偷工减料应付了事。面对这种情况，班主任首先利用班会和课外活动时间让学生对照着小册子学习中学生日常行为规范，要求学生做到文明用语，见面问好，双手接送，起立问答，右行礼让。班主任同时制定了相应的切实可行的、易于操作的量化标准，划分较为均衡的学习、纪律合作小组，每天一量化，每周一统计，每周一公布。文明礼貌和行为习惯方面有了很大改进。

2、抓反复、反复抓、树正气，整班风

针对班级学生中存在的一些小学带来的不良习惯，尚未形成的班风班纪，班主任要煞住歪风邪气，抓反复、反复抓、树正气，整班风。例如，开学以来，班里的几个问题学生，不断的欺负同学而且还威胁同学谁敢跟老师说我就跟谁没完，有的同学明明被欺负还不敢向班主任承认，就有的人被扒窃还说没丢钱，长此以往，孩子们被欺压，班主任怎么向家长交代！如果老师的话他不听，群众的舆论他们也不会不在意，因为学生很在意在集体中同学对他的态度。班主任应该选择在最快的时间内发动全班同学举行了一个针对班级不良习惯开展批评与自我批评的班会，实际上是一个变相的批斗会，在这次班会中这个孩子被全班同学说得无地自容，大大地削弱了他横行霸道、飞扬跋扈的气焰。从此后，班里同学平等相处，再也不用担心会被人欺负了。

3、积极参加各项活动，处理好学习与活动的关系

积极参加社会实践活动，响应教委号召，参加劳技中心的劳动实践。在学校的各项活动中同学们都能够积极参加，八仙过海各显其能，在最短的时间内把活动准备好，维持正常的学习秩序，保证学习时间。例如艺术节活动班级里一个节目都未被选出，但最后出乎意料地获了两个奖项，这正是得益于同学们周密的组织，班级同学的手工和书法分别获了奖，而这些项目正好做了文艺节目的补充，成为班级在艺术节上的亮点，与此同时，学生的这些活动都是可以在家里完成的，这样就保证了正常的教学秩序，解决了学习与活动的矛盾。

4、培养良好的学习态度，使班级呈现一派学习新气象

(1) 引导学生正确对待自己的学习能力

学生与学生之间，家庭熏陶不同，小学的基础知识牢固性不同，学习习惯差异很大，导致学生学习能力有了强弱之分。身为班主任，要承认这个差异，不能强求每个学生学习成绩都优秀。班主任要鼓励学生，老师对你学习的评价关键是看你在学习的过程中态度是否端正，是否尽自己的最大努力去学习。这与对学生实行成功教育相吻合。例如：有些学生成绩80分左右，老师不满意，原因是根据他的学习能力，成绩能达到90分；而有些学生成绩70分左右，老师就大加赞赏，原因是他已尽自己的最大努力去学习。老师所持的这种态度使学生明白：只有在平日学习中具有踏踏实实的学习态度，才能得到老师的赏识，才能使自己所学的知识长久记忆在脑海中。

(2) 引导学生正确对待老师布置的作业

在小学，一些学生有不交作业的习惯，为避免类似情况发生，学生进入初中以后，班主任要向学生渗透这种观点：做作业，是一个学生的义务，就像士兵，要承担起捍卫祖国的使命应刻苦锻炼一样，因此，学生不仅应该完成作业，还要书写认真，保证正确率。班主任同时还要使学生明确一点：各科老师布置的作业，一般是针对中等学生布置的，因此，作为一个好学生，你想比其他同学强，就要在完成作业的基础上，

自己多复习，多预习，付出比别人更多的劳动。渐渐的，勤学好问、你追我赶的合理的竞争气氛正在逐步形成，良好学风初步形成。

(3) 加强与任课老师的联系与合作

由于班主任所教学科不一定都是主科，还有可能是所谓的"小科"，因此早读和自习课他们能够协调各科之间的关系，合理安排各科的学习时间，加强与任课教师之间的关系，在各任课教师的努力下班级学生的成绩取得了长足的进步。

综上所述，在班级文化建设的道路上，良好的班级形象是不可或缺的重要因素。学生在具有不同班级文化的班级里，所能够表现出的学习、工作、生活的动力是不同的，而这一切又是由班级的主导者——班主任来构建的。因此，班主任要具备相关的文化修养和相关的文化建设能力，这样不但保证了班级文化建设的顺利实施，也保证自己的班级在文化战线上始终立于不败之地。

班主任的工作是良好班级形象的前提，而班干部队伍建设，也是良好班级形象的保障。班干部在班主任的指导下，尽自己所能，协调班主任完成班级日常生活、学习的管理，最终实现真正意义上的"自主管理，学生管学生，高度自由"的管理模式。

第四章　班级精神是怎样炼成的

第一节　班级经营哲学

一、基本指导思想

经营，听起来像是一个商业行为，那么，什么是经营呢？《新华词典》中的解释：经营是指"筹划并管理(企业)。也泛指计划和组织"。引申过来，班级经营就是指筹划并管理班级中的人、物、事、时间、空间和信息，以达成教育目标。因此，"班级经营"实际上包含班级筹划和班级管理两方面，而这两者在班级经营中是统一的。由于"经营"一词更多地带有谋划和策略的意思，所以，班级经营的重心在于通过谋划和策略而展开管理。

(一) 班级的谋划策略

整体思路："开好头、兴班风、重过程、求发展"。

1、精神引领、思想启迪、着眼未来、开启新篇章

初中生活一开始，容易出现一种现象：那就是班主任特别容易忽视学生的新发展或者将学生在小学生的思想和学习情况视为与中学一致，也有的班主任认为，中小学学生在学习水平方面没有太多的区别，进而造成思想认识方面的混淆。针对这种情况，在班级经营之初，班主任要善于启迪思想、引领精神、塑造学生、开启学生学习的新航程。

如果班级有一个良好的开端，也就是班级有了一个发展的基调，也为学生制定了一个明确的发展目标，同时可以提升班主任老师的管理能力和水平，使学生愿意围绕

在班主任周围,一起学习,一起成长。

学生在班主任的启发和鼓舞下,精神世界中会发生这样或那样的改变,对于自己的新生活,学生会勤于思考并追求更高层次的目标,为即使开始的为期三年的新的学习生活注入新的更大的活力。

"良好的开端是成功的一半。"要想班级经营平稳,班主任必须对学生在接受知识教育之前的情况摸清底细,精心计划本班的总体经营思路。从而在日后班主任经营班级过程中合理地驾驭、培养学生热爱集体的精神、指导师生共建美好的班级。而这其中最重要的一点是学生对班主任提倡的精神实质的领会,在班主任的精神带领下,学生必然会取得最大的进步,班级的发展会走向更好的明天。

(1) 用学生熟知的故事做启发

"盘子要洗七遍"的故事

一位中国留学生在日本一家餐馆打工洗盘子的事。老板要求每个餐盘必须洗七遍,而这位留学生自作聪明偷偷地只洗五遍从而大大提高了洗盘子的效率,也受到了大家的吹捧。但当老板和同事们得知他效率高的真实原因后,都对他表示了鄙意并把这个不守规矩不讲诚信的人扫地出门,房东也将他赶了出去。

"一顿午餐定去留"

说一家工厂将前来应聘的人全部请进食堂吃午餐,就餐结束后立即决定哪些人员留用,哪些人被淘汰。

"二郎腿一跷,跷脱金饭碗"

一个博士生争夺一"金领"岗位进入面试尾声时一个不经意的"跷二郎腿"的小动作让老总皱起了眉头,从而前功尽弃。

这三个故事是为了说明学生在日常学习与生活中要讲诚信、守规则,否则将不受欢迎。在集体生活当中,学生的主人翁姿态和责任感是做人的基本品格;学生做人做事都要谨慎、注重细节和养成良好的礼仪习惯。学生在各个方面的好习惯,不仅仅代表学生个人的基本素质，也是班级形象的良好与否的反映。学生只有在班主任的故事引领下，明白做人、做事的道理，进而理解班主任的一片苦心，才会着眼未来，为自己的将来定调。

(2) 制定严格的班规，明确目标和方向

没有规矩不成方圆。失去了方向的船，必然会在海面上漂浮，随波逐流地漂向不确定的远方。在班级建立之初，班主任要为这个班级确定目标和方向，而这一切都体现在班规的制定上。要给学生们定规矩、为班级定前进的目标。目的是要让学生明确地知道他们在我们的环境里该怎么做，我们前进的目标在哪里。班规要具体可行，具有可操作性。如"桌椅要排放整齐，纵向成列，横向成行"、"不随手扔垃圾"、"作业要按时、保质保量上交"等。目标的制定要分阶段，在班级运营的不同阶段，根据学生层出不穷的各种问题，适时地修改目标，建立新的发展目标，但是目标之中关于鼓励学生的话语是不可或缺的，还要注重班规的可行性，不可操之过急。

(3) 兴起和谐的班风

班风是由班级里"得势"、能主导班级的那部分人为代表来决定并体现的。只有抓住和利用好正确的、积极向上的那部分人，才可能在班级里形成正确的趋向性舆论，才有可能让"正气"压住"邪气"；良好的班风才会得以形成和体现。同时，只有一个班级充满了和谐，大家才可能"安居乐业"。

正确、高雅和励志的信息充斥学生的精神领域，努力提高学生的思想境界。由于现实社会中对于学生的诱惑可谓数不胜数，学生如何抵制这些诱惑，沿着正确的方向发展，弘扬正气，促进和谐，塑造他们良好的精神世界，提高他们的思想境界。班主任通过邀请相关专家来班讲学，向学生们宣传良好班风建议的重要意义，使学生如沐春风，深深地扎根在班级这块土壤中，发光发热，为和谐班风的兴起贡献力量。

(4) 民主选举，公平竞争

在班级管理中，班干部的选拔与班委会为班级服务的意识的培养都至关重要，学生为了当选班干部，难免会在选举前"造势"，拉拢班级部分同学进行一些"非法"

活动, 其结果必然会造成选举的班委会不能实现管理班级的目标, 对于班风也会产生不良影响。所以班主任要将这类不良事件解决于前, 而不能放任自流、不闻不问。在选举时, 要鼓励对自己手中的选票负责、对班级的发展负责、对自己的未来负责。班委会产生后, 要及时投入紧张的工作之中, 为班级服务。

(5) 扬正气, 宣传好人好事, 贬斥坏人坏事

班主任通过在班上开展宣讲"我最欣赏的人和事"倡导做好人、做好事。同时开展无记名的"我讨厌的人和事"来曝光那些影响课堂、说不良语言、做不雅之事的人和事, 并让他们知道那些言行在班级里是不受欢迎的。这一措施对及时发现和处理班级中的不良现象提供了信息渠道, 也为树立良好班风起到了积极的推动作用。

(6) 大力推崇"阳光、快乐、包容、坦诚"的品格

如果一个班级总是充满矛盾和诋毁, 它不仅牵制师生的精力, 同时也使得师生的精神和思想处在较低层面难以解脱。班主任要告诫孩子们"你想别人怎样对待你, 你就怎样对待别人"。告诫教育学生人后不议论他人, 要谈就说他人的好话。引用生活中的事例和书中的故事给孩子们谈生活的目的、快乐的意义、包容的收获和坦诚的风度。不仅净化了学生的心灵、优化了学生的品格, 也为学生在塑造自己的过程中明确了方向。

2、关注学生心理变化, 促进身心健康发展学业顺利进行

现代城里的孩子不缺吃和穿, 身体的健康"从上 (爷爷奶奶) 到下 (爸爸妈妈)"总有人关心。然而, 孩子们心理的健康却总是被忽略的。踏进初中之门的孩子总有一些心理比较脆弱, 对初中生活的不适应, 周考、月考的压力, 评优落选的失落, 困难面前的懦弱, 失败失利时的挫折感等等, 都需要班主任老师悉心观察, 适时给孩子们送去心灵的鸡汤, 滋润心田。这样可以减少学生的沮丧、消沉情绪的发生, 促进其身心健康发展。

班主任必备丛书 中学班级文化这样建设

88

（二）一位教师的实际做法

制定规则和目标是容易的事。要使规则得以实施、目标得以实现则需要把控好管理的过程，处理好管理中的细节。

1、严盯、勤查违规现象，兴起纠正违规行为之风气

有规不守会使规则形同虚设，使班级难以管理也难以形成良好的班风班貌。所以如何让规则得以人人重视并遵守才是关键所在。一般说来，学生在新来之时的违规行为多数不是有意冒犯的。但措施不力就难纠坏习惯。这个阶段采取的策略是"一提示，二严盯，三必纠"。时常在黑板上写提示语言；同时严盯，做到有违必纠。在班上兴起一种风气，让违规的现象"曝光"。每当发现有违规现象时，如某同学椅子没靠桌放或座位下面有垃圾，就把那位同学的座位号写在黑板上，如"2－6"，即"二列、六座"。那么，"2－6"就必须在当天为同学们"服务"打扫教室卫生。这样，班级就形成了互相监督、按规则行事的风气，也形成了师生齐抓共管的局面。

2、表扬和鼓励替代责备和怒斥

表扬和鼓励是对学生进行正面的引导，是精神层面上的引领，也是心理学倡导的方式；应当成为学生精神层面上的"主食"。表扬和鼓励是形成良好风气的主导，也是最好的管理方式之一。实践证明，对学生多鼓励、勤表扬可以收到很好的效果。

比如一位班主任介绍了一个学生的故事：我班有一个小男生小A。他在小学时就养成了让学校、老师头疼的爱好和习惯——在桌子下面摆放装着小虫子的纸盒子和水瓶子。纠正他的这一习惯就是通过我和同学们对他的一次次的表扬和鼓励来实现的。第一次发现他的桌子下面摆放盒子和瓶子并且同学们揭发说里面装着小虫子的时候，我也有过发火。但当我发现他很有些难堪的时候，我想我的目的是要他学会珍爱小动物，不在座位下摆放杂物而不是要伤害他。如果伤害了他的"面子"，我们之间就可能出现不协调。所以，我立刻改变了态度给了他台阶去下。第二天开始，我每天都去看他的座位下面，说一些"小A

有进步了，桌下的东西少些了。""只剩瓶子了"之类的话。紧接着我就用"只剩下两个了、一个瓶子了（或是说快清理完了）"之类的话来表扬和引领他。每次我的表扬我都示意同学们给以他掌声鼓励，这样的氛围很和谐、温馨。另外我们还讲一些生态平衡、人和动物和谐相处的故事。小A的座位下面再也没有装有小虫子的纸盒子和瓶子了。在班级评优活动中，小A被同学们评为"进步之星"。

表扬可以不分时间和场所，及时有效即可。当然，表扬也不得滥用，要视事件的性质、轻重和要达到的教育目的而论。

3、大事化小、小事化了，为孩子一生着想

管理的目的，是要发现问题解决问题，是要把工作和事情做好，而非制造矛盾或是激化矛盾。但如果在突发事件面前稍微把控不好，就有可能事与愿违。在初中漫长而又短暂的日子里，不总是风和日丽的"天气"。有时候风平浪静的表象下面还有暗流涌动。班主任老师突遇学生偶发事件，解决突发事件是不可避免的事情。遇到棘手的事先要冷静下来，切不可冲动。围绕目的去解决问题，这是我处理和解决事件的出发点。

下面介绍的是一位初中班主任一生难忘的事情：

一天，我同一位刚转入我班不久的M同学的妈妈联系，谈我最近观察到的她女儿的一些需要引起注意的现象。家长反倒告诉我星期天晚上她女儿电话告诉她说当天晚自习班上有位男同学用手机拍下了在讲台上弓背向老师问题的"某女生"的胸部。是哪位女生被拍？M同学没有告诉她妈妈。说实话，我当时的感觉就是有人给了我当头一棒。这是我班主任生涯里从没有过的事情。不过我很快镇静下来。我顺势给家长强调："所以我们需要家长配合学校管理好孩子们的手机和做好孩子们青春期的引导以及教育工作。"

打完电话，我思绪万千——班级在平静无浪的表象下却有着不平常的事情在发生。除了M同学背着我在穿低胸衣衫还有谁？是哪个男生用手机拍的照？是很恶心的照片吗？是

一张照片还是许多照片？照片被传到网上去了没有？（我们是一所寄宿制学校，常规是学生星期天晚上返校上晚自习，学生晚自习后回宿舍将手机交给生活老师保管）。

经过思考、分析、预测可能发生的后果，我决定要尽快亲自调查解决这件事。怎么去过问和了解这样一件令被拍同学难堪的事情呢？

我不知道事发时有多少人参与了此事，我也不知道事发后班里有多少人知道这件事。但我清楚地意识到这件事情的严重性。

为尽量减少此事对被拍女生的影响和伤害，我决定采取"低调"和"悄然"进行的方式予以调查和处理。具体做法及结果可概括为：锁定、安抚、掌控、沟通、教育、和谐。

拍摄者固然不应该，需要教育和深刻认识甚至处理。但此事的要害还在被拍摄者的心理和面子上。理当尽量不去扩大它的影响。

(1) 锁定、安抚

为了控制影响面，我决定从消息源头查起。我将调查对象锁定在M同学上，以她为起点开始调查和了解。我悄悄把M同学叫到面前来询问。正如我所预料，那个被拍照的女生就是她自己。此时的我，本能的心里多想说："给你说过不要穿容易走光的衣服，你非要背着我脱下校服，终于尝到苦头了吧。"但我没有这样说。因为，我知道此刻不是表明我是多么的有预见性的时候，而是安抚这个孩子心灵的时候、是要做她的后盾的时候，所以我用安抚替代了责备。

了解了事情的来龙去脉，接下来我要面对的是要掌控事件的发展。

(2) 掌控、沟通和教育

根据M同学描述的过程，我分别悄悄找了拍照男生W和坐在W前排的与M同一寝室的"告密"女生C同学。查看了他们的手机。（此时拍照男生的手机上的照片已经被删除，C同学还保留着W通过蓝牙传给她的那张照片，但未传播。我在她的同意下暂时掌控了她的手机）。通过分别与他们交流、沟通、引导和教育，W同学和C同学都认识到此事的伤害性和危害性。他们认识到了不当的儿戏或玩笑给他人带来终生伤害的可能性。两位同学都提高了认识，并分别积极表态决不对其他人再提再谈此事。后来事实证明，事件确实在当时得到了及时的控制。

(3) 和谐的结果

经过班主任老师的教育和引导，W同学悄然地给M同学写了书面认识和道歉信，M同学也原谅了他。这时，我约见了M同学的妈妈。当这位单身妈妈听说拍照女生是自己的女儿时显得非常的冲动。但当我把整个处理的过程描述给她听之后，并将保留在C同学手机上的照片请她查看和亲手删除的时候，这位母亲终于把悬着的心放了下来。一方面，她很满意老师对事态的处理和控制，没有给她的女儿带来意料之外的影响和伤害，顾及了她女儿的颜面；另一方面，她认为那张照片并不是她想象的那样龌龊，远距离的手机拍摄基本没有拍摄到隐秘的部位。我征求她的意见是否要给W男生处分，她不仅反对，还反过来支持老师平时对她女儿的帮助和指正，批评自己女儿穿着的不妥。和谐的结果带来满意的收获。第一，M同学自此不再穿不合适的服装；中考成绩也得到大幅度提升。第二，W同学和C同学中考均达到成都市重点高中录取线以上。两位同学均被两所知名重点高中录取。

不和谐的事件带来了和谐的结果。这是用心去维护和处理的结果。

(4) 细心观察、及时调整

我们管理物品可以按照自己的意愿去行事。可是孩子们是有血有肉、有思想的鲜活的人。某个阶段有可能有孩子并不一定按我们策划的轨迹去走。即便是，也有懈怠、浮躁的时候，如果情况不被消亡在萌芽之中，就会带来破坏性。因此我们须在平时的管理中注意随时观察班级情况，预测和捕获异常情况，适时作出调整思路和管理措施。另外拥有获取班级实际情况的信息渠道、培养得力的班委和少先队中队干部是非常重要的，可以起到及时发现、及时调整、及时处理的作用。

二、中学班级文化建设中独特的经营哲学

马克思主义哲学是关于自然、社会和思维发展一般规律的科学，是唯物论和辩证法的统一、唯物论自然观和历史观的统一。它是一个相对真理。它是在继承和发展了德国的古典哲学、英国的古典政治经济学、英国、法国的空想社会主义下形成的马克思主义的三个组成部分之一。它的主要理论来源是辩证法和唯物论。辩证唯物主义和历史唯物主义是马克思主义的两大组成部分，实践概念是它的基础。马克思主义哲学是人类在认识客观世界时普遍采用的认识工具，它既来源于实践，又对实践具有巨大的指导作用。

班级管理工作千头万绪，包含一系列相互联系的要素，主要有这样几个方面：

(1) 人的因素。如学生、班主任、科任教师等；

(2) 事的因素。如班级里的好人好事、班级活动等；

(3) 制度因素。如值日生制度、考勤制度等。作为班级的主要领导者——班主任除了要处理好这诸多因素之间的关系之外，还要面对许许多多的由于各种因素之间的相互制约关系而引发的琐碎的学习和生活事件。

班级管理的千头万绪正在呼唤着正确的理论指导思想，并要求在这种指导思想的指引下形成科学的合理的工作方法。在这种呼声越来越高的趋势下，马克思主义哲学方法终于浮出水面，成为许多班主任管理班级时必须遵守的指导方法，并通过实践，使得马克思主义哲学方法得以发展，显示出其在班级管理的独特功能。

在班级文化管理过程中，班主任要积极深入地学习马克思主义哲学的相关知识，充分发挥班主任自身优势，运用哲学原理，提高工作效率，减少盲目性，突出实效性，取得了较好的效果。

另外，马克思主义哲学在班级文化管理的进程中不仅具有广泛的指导作用，而且具有其独特性，这种独特性主要体现在以下几个方面：

(一) 运用主次矛盾原理完成班级领导班子建设

1、马克思主义哲学中主次矛盾原理的主要内容及其要求

在复杂事物中有诸多矛盾, 其中必有一种矛盾在事物发展过程中处于支配地位、对事物发展起决定作用。

在班级文化管理之中, 主次矛盾原理要求班主任在看问题、办事情要善于抓重点、抓关键, 集中力量解决主要矛盾。

2、主次矛盾原理在班级领导班子建设中的运用

班主任是班级的主导, 而在班级管理之中, 班级领导班子的管理则重中之重, 所以, 班主任要认真对待班级领导班子产生和发展的全过程, 抓住这个主要矛盾, 其他问题便可迎刃而解。

(1) 班级干部的选举方式需要灵活

① 树立竞争意识, 能上能下

班主任接班之初, 要善于发现班级中的"先进分子", 发现他们的突出特点, 了解他们在班级管理中的"角色", 确保他们能够尽其才; 之后通过竞选演讲, 让有才华的学生做班级领导班子成员, 并迅速开展工作。

在这种竞争上岗的体制下, 学生在竞选之前会主动地为自己树立良好形象而努力, 在同学们建立良好的威信, 抓住自己的主要优势, 克服自己的缺点; 而在竞选成功之后, 他们又会为自己来之不易的成功而加倍努力工作。但是, 班主任要及时向班级干部说明, 班级干部不是终身制的, 作为班级干部必须居安思危, 无论在位或不在位, 不要有思想的波动, 而要心态平和。

② 投票方式的客观性

首先, 在投票之前, 班主任要集思广益, 请全班同学一起商议选票的样式, 如选票上是由学生写名字, 还是把名字写好让学生划圆圈或对号等。这样的考量可以使参加竞选的同学不会根据选票的字体判断是哪位同学投的票, 保证选举投票前的客观性。

其次，在投票过程中，班主任要认真遴选监票人，监票人要全班同学都能认可，确保选举过程中不会出现舞弊的现象，保证选举投票中的客观性。

最后，计票工作中，班主任要使选举委员会的每一位成员都参加其中，并使每一张有效票都被计出，不遗漏、不出错，保证计票工作的客观性。

(2) 注重领导班子成员的思想建设，保证班干部的带头作用的实现

在班级动作过程中，班主任要注重干部们思想动态，要把工作业绩和为班级服务的意识的落实始终放在考察班干部的首位，要把干部们的思想集中到为班级建设发展服务的统一要求上来。如果只有业绩，学习成绩的优秀，不可以继续担任班级干部职务，务必使班级干部在广大同学面前，始终保持先进带头作用。在工作期间，如果出现工作的失误或者学习成绩的下滑，要立即组织同学重新选举，确保班级干部的带头作用的实现。

(3) 加强领导班子的作风建设，保持班级干部高效的工作作风

班级干部作为学生和班主任之间的重要纽带和桥梁，要及时地把来自于学校、各科老师、班主任的工作安排贯彻下去，又有义务把班级里现存的各种问题及时地向领导和班主任反映，做事不能拖沓，不能散漫。

同时，在班级组织建设上，要按干部岗位设置统一安排人员，从事相关的工作，做到魏书生老师所说的："人人管实事，事事有人管"，而不出现有"官"不管事的局面。这样才能保证班级正常的运行，同学们在班级干部的领导下，班级工作有条不紊，各项工作都做得到位。

(二) 运用整体与局部关系原理建立、健全班级管理体系

1、马克思主义哲学中整体与局部关系原理的主要内容及其要求

整体是指由事物的各内在要素互相联系构成的有机统一体及其发展的全过程。部分是指由组成事物有机统一体的各个方面、要素及发展全过程的某一阶段。整体和局部是密不可分的，整体离不开局部，局部离不开整体。当部分以有序、合理、优化

的结构形成整体时，整体的功能就会大于各部分功能之和。

2. 整体与局部关系原理在班级管理体系建设中的运用

班主任在班级管理体系构建的过程中，要积极地建立一整套互动管理体系，做到全班各个方面的整体与局部的协调发展。

在班级当中，可以将学生划分为若干个小组，小组人员的组成，可以按照班级座位的顺序确定，每一个小组设置组长一名，这名组长对班长负责，组长负责对该小组日常的学习、生活等几个方面进行考核，每学期末进行小组长的评选活动，并对工作积极、表现突出的组长提出表扬，肯定他们的积极表现，以此来调动他们的积极性。班级是整体，班级内的小组、班委会和所有的同学就是局部；小组作为一个整体，每个成员都是局部；班委会是一个整体，班子里的每个成员都是局部。如果同学们出现了任何问题，如果能在小组内解决，就不要由班委会解决；如果能在班委会解决，就不要由班主任亲自解决。这充分体现了整体与局部的相互统一的关系。

运用这一原理，可以增加班级整体的凝聚力，使班级全体成员做到一荣俱荣，一损俱损，共同推进班级发展。

(三) 在班级管理中一切从实际出发

马克思主义哲学认为：物质决定意识，意识对物质具有反作用。

运用这个原理的时候，我们首先要看到班级管理过程中出现的所有问题的实际情况，从而做到在看问题、办事情时坚持一切从实际出发。班级发展的现实证明：任何一个学校的任何一个班级都有各自发展的具体道路，因此在班级管理中就要从本班的实际情况出发，选择适合本班情况，切合本班学生特点的管理方法；同时，作为班级里主要成员的学生由于来自不同地方、具有不同的家庭背景、不同的个性心理特征。这就要求班主任在班级管理时，要认真地考查学生实际的学习基础、工作基础、生活基础，从学生的实际出发选择适合学生的教育方法。

(四) 不以成绩论英雄，辩证地看待学生的发展

唯物主义辩证法告诉我们，事物自身包含着既对立又统一的关系，即矛盾；矛盾是普遍存在的，是客观的。

这一原理要求班主任在进行班级管理时，不能简单地把学习成绩作为评价学生的唯一标准，而要辩证地看待学生的发展，学生的发展不只是学业的进步，学生的人生还有更多的闪光点。

在班级的大家庭里，每一位成员都有着不同的表现，而中学生的突出特点就是表现欲极强，特别喜欢在同学和老师的面前多多表现自己的优点，避免自己的缺点暴露在大家面前，而作为班主任，必须认真对待学生的种种表现，辩证地看待学生，把学生在不同时期所表现出来的或者优点或者缺点都记在心上，在必要的时候提出来，指出学生的优点和不足，以确保班级里的学生都能够和谐发展。

对于班级里的优秀生，老师不能采用放任自流的态度，凡事都认为他们已经达到了要求，上课的时候不提问他们、放纵他们的自满、自大的情绪等。而应该在布置任务时，对他们的要求继续加高、加深、加重，让他们时刻感到压力，不断地挑战自己的能力，也要让他们接受挫折教育，充分认识到自身存在的不足。只有这样，他们才会有长足的进步、更快的发展和积极向是的态度。

对于后进生，现在有很多不同的说法，比如说差生。而笔者更愿意把他们称为"学困生"，即"学习有困难的学生"。这些学生在班级管理中可能被班主任认为是班级发展的障碍，这显然是不对的。我们要正确地引导他们，让他们重新树立起信心，不断地努力前进，打牢知识的基础，为自己的发展奠定基础。同时，班主任也要善于发现这些学生身上业已存在的更多的"闪光点"，比如学习成绩虽然不好，可是一些学生的人际交往、组织协调能力都优于其他同学，班主任要把这个"闪光点"作为这个学生未来的发展方向，努力地培养他们。

所以，辩证的，或者说一分为二地看待学生，对于班级文化建设有着至关重要的

作用，只有每一位教师都认真地发掘学生的长处，才能推动班级的长远发展。

(五) 今天的量的积累，未来的质的飞跃

马克思主义哲学中有一个非常重要的原理，即量变与质变原理。事物的发展首先都是量的积累，量的积累达到一定的程度，便会发生质的飞跃。而质的飞跃又是新的量的积累，为的是再一次质的飞跃。

这一原理要求班主任在班级文化建设的过程中，注重学生平时生活中点点滴滴的积累，为自己将来的长远发展做努力。老师在平时的教育教学过程中，注重学生知识的量的增加，从而为其质的飞跃做铺垫。

在班级发展的过程中，每一个学生都会把自己在家里的一些优秀的和不好的行为、学习、卫生习惯等带到班级中来，这业已成为班级管理工作中一个重要的难题。

班主任在日常工作中，要注意学生从小事做起，从点滴做起，注重日积月累，逐步改掉身上的恶习，建立起良好的习惯。班主任要帮助学生制订切实可行的计划，制定一个总体的发展目标，然后进行细化，把大目标分解为若干个小小的目标，让学生一步一步的实现每一个小目标，当每一个小目标都实现以后，总目标的实现就为期不远了。也就是说，学生平时小目标的实现，就是量的积累，学生每实现一个目标，就实现一次量的积累，而最终大目标的实现，学生就会发生巨大的变化，即达到了质的飞跃。

第二节 培养正确的价值取向

在现今的社会上,充斥着许多不文明的社会现象和不良社会风气。这些现象和风气会对未成年的中学生的心灵会产生各种不良的影响,侵蚀学生细小的心灵。在这种现象和风气的影响下,学生开始出现多元化的价值观,学生开始迷茫、彷徨、甚至走向堕落;教师也出现了困惑和不知所措的现象,教师在帮助学生树立正确的价值取向的道路上,开始探索着新的方式和方法。

一、个人生命教育与道德人格的关系

(一) 生命教育的内容

生命教育就是培养、发展、提升生命认识、生命情感、生命意志和生命行为亦即生命意识水平和价值的教育。

了解生命:就是要了解生命的来源、组成、特点、规律、价值和真谛。而要做到这一点,就必须传授有关生命科学的知识。

敬畏生命:“敬畏”是一种特殊的复杂的情感。生命是大自然中的神妙、美好、伟大之物,所以就对它产生敬畏的情感。这种敬畏感不是迷信,而是一种值得培养的高尚的社会情感。

尊重生命:尊重生命也是一种情感。在这个世界上,最可贵、最有价值的就是生命。一个人不仅要尊重自己的生命,而且也要尊重他人的,乃至一切动物和植物的生命。

热爱生命:在敬畏生命与尊重生命的基础上,还要进一步热爱生命。热爱是一种稳定、深厚的情感,它只会加深、加固,而不会淡薄、消失。每一个人既要珍惜自己的生命,也要珍爱他人的生命。而且,只有热爱自己生命的人,才懂得对他人生命的热爱;也

只有热爱他人生命的人,才能真正地热爱自己的生命。生命的真正价值体现在相互热爱之中:充分理解和把握自我生命的人,就一定会对他人的生命负责。

保护生命:在敬畏、尊重、热爱生命的基础上,还要进一步对生命加以保护。只有真正爱生命的人,才会自觉地保护生命;同样,也只有注意保护生命的人,才会有对生命的真正的爱。

提升生命:就是要提升生命的地位、作用、价值和质量。

(二) 在学生道德培养过程中注重生命教育的重要性

由于生命教育的实施,学生更加珍惜自己的生命,而就中国传统文化而言,学生最重要的生命"闪光点"就是高尚道德情操的培养,在培养学生高尚道德的时候,老师要注重学生在日常生活中结合生命教育的成果,深刻地体会生命对于每一个人只有一次,而且生命非常短暂,道德教育是使人的生命质量提升的重要组成部分。人的一生不能单是为了保命,而人生的价值是贵在有德。中学生做人最重要的要义就是自己的一言一行必须要符合中学生守则、中学生日常行为规范以及一切社会道德规范,生命的价值和道德的价值对于一个中学生来说具有同等的重要性。

二、从马克思的一句话谈个人与他人的关系

马克思在中学毕业的论文中写道:"在选择职业时,我们应该遵循的主要指针是人类的幸福和我们自身的完美,而人只有为同时代人的完美,为他们的幸福而工作,才使自己达到完美。"

现在的中学生多数是独生子女,很多孩子都不知道如何与自己身边的同学相处,即解决不好个人与他人之间的关系问题。而上述马克思的观点,正好可以为现在的中学生处理与他人的关系提供了典范。

现在的中学生群体具有极强的成才意识和自我意识,可是对于集体的观念却特别的差,而且社会道德意识也很差,在人生价值取向上表现出只注重自我、追求功利、淡化社会责任。班主任在教育自己的学生时,一定要确保学生认识到这样一个事

实：现代社会的生产具有社会化和专业化极强的特点，每一个生活在21世纪的新人类都必须知道自己的生存和发展都离不开身边的所有人的帮助，自己也要随时为自己身边的人服务，如果学生离开周围人的帮助和支持，恐怕就会一事无成，也无法实现自身对于社会的价值。反之，如果人人都以自我为中心，千人千德，万人万心，人们行为准则将相互冲突，会造成社会道德生活普遍失衡的局面。

三、个人是国家和民族发展历史的缔造者

"先天下之忧而忧，后天下之乐而乐"，"捐躯赴国难，视死忽如归"，"鞠躬尽瘁，死而后已"，"天下兴亡，匹夫有责"。

这些名言充分说明了个人与国家和民族的命运之间的密不可分的关系。个人的发展与国家和民族的发展有着必然的联系，每一个学生都生活在祖国的大家庭中，每一个人都要为自己的国家和民族做出自己的贡献，这样我们的国家和民族才会取得更加优异的成绩，才会以高雅的姿态屹立于世界民族之林。

因此，班主任在教育学生的时候，要注意引导学生关心国家和民族发展中的优秀英雄人物、值得关注的大事等等。教育学生把自己前途命运与国家和民族的命运紧密地联系在一起，从优秀的民族精神中汲取营养，为国家和民族的发展做一些力所能及的事情。

四、个人与自然环境的和谐发展

苏霍姆林斯基曾说过："对周围环境的美感能陶冶学生的情操，使他们变得高尚文雅，富有同情心，憎恶丑行。"

中国社会现在面临着比较严峻的环境问题，主要包括：水资源匮乏、土地荒漠化面积不断扩大、湖泊缩小干枯、可耕地面积继续减少，环境污染严重影响了国民健康。世界已经出现了人口危机、资源危机、环境危机。

班主任在教育学生时，一定要让学生明确自己生活在自然环境之中，必须要注意自己的行为，不要做与破坏环境有关的事情，比如把自己手中的垃圾放入垃圾箱中，

而不是到处乱丢；节约使用自己的作业本，而不是只写几个字就撕掉整页纸等等。班主任要让孩子们认识到，我们生活的环境正在发生着巨大的变化，这些变化之中，有的是好的，有的是不好的，而我们生存的环境已经脆弱到让人担忧的程度。如果我们再继续掠夺性开发和使用自然资源，就会受到大自然的惩罚。班主任要注重"天人合一"的哲学思维，确立人与自然的和谐发展，只有这样，学生才能更好地生存、繁衍和发展下去。

五、个人如何处理金钱、地位和价值与学历、知识和价值的关系

社会主义社会在个人收入分配时采取按劳分配的原则，社会上的每一个人对社会尽了责任，做出了对人民有贡献的工作，社会就应该给予相应的报酬，也就必然会获得社会和人民的尊重。但是，一个人的社会价值不能仅仅从金钱的多少来衡量，也不能说金钱完全代表了一个人的社会价值，也就更不能如实地反映一个人为社会所创造的各种价值的大与小、多与少。

同样的道理，每一个人虽然在社会扮演着不同的角色，每一个人的社会也不同，有的处于主导地位，有的处于从属地位，有的享有崇高的社会地位，有的似乎并没有社会地位。尽管如此，每一个人的社会地位产并没有对于他们的生活产生太大的影响，如拥有崇高社会地位的人，也会有丧失地位的一天，没有地位的人，每天也都幸福地生活着。社会的运行过程中，社会地位的作用虽然较大地影响了人们的生活，但不能说社会地位就是衡量人生价值的客观标准。只有人们在行使人民赋予的权力时能够正确对待，有效地发挥自己的聪明才智，才会对社会做出巨大的贡献，本人的社会价值也会得到最大程度的体现，社会的发展才会更加迅速。反之，若社会地位较高、位高权重，而以权谋私、追名逐利，这种人的权力和地位越高，反而对于社会的影响更大，对人民的伤害更大，这样的人可谓根本没有社会价值。

一个人的学历和知识与人的价值的实现有着十分密切的关系，但是我们也不能说学历、知识是衡量一个人人生价值的重要标准和尺度。人们拥有的知识与技能只

有与社会生产相结合，才能为社会的发展做出贡献。反之，如果把拥有的学历、知识当作私有财产，作为向党和人民讨价还价的资本，不为社会服务，不将知识贡献给人类，那么他的学历再高，拥有的知识量再大，他本人也毫无价值可言。他的存在对社会也没有任何积极意义。

班主任在教育学生的时候，一定要让学生认识到：作为劳动者，我们一定要坚持多劳多得、少劳少得、不劳动者不得食的观念，为自己的将来制定一个严格的计划，为自己的努力获得应有报酬创造条件。社会地位固然重要，而一切地位和权力都是人民赋予的，我们一定要正确行使人民赋予的权力，合理地行使自己手中的权力，为人民造福。学生的学历水平与个人价值的实现之间有着必然的联系，但要拥有正确的理论与实践知识，不能把伪科学的东西运用于我们日常的工作和生活当中，要以科学发展观作为个人发展的前提。

第五章　班级凝聚力
——众人拾柴火焰高

第一节　大家的奋斗目标是一致的

一、班级的集体目标

要使班级有凝聚力，重要的一点，班级必须具有共同的目标，有没有共同的目标，共同目标的好差，都会直接影响班级的风气，影响班级的凝聚力。班级的共同目标是通过个体目标的实现而实现的，班级目标的确立应源于个体目标，又应高于个体目标。班主任要求每个同学都制订自己的奋斗目标和实施计划，班级的共同目标便在每个同学奋斗目标的基础上由全体同学参与来确立。目标确立后，班中每个同学都为实现自己的目标而努力，班风自然就会越来越好，班风越好，同学们自然就会有一种优越感和自豪感，个体目标完善的需要就会越迫切，他们会为维护集体荣誉，完善与发展集体荣誉而自觉地奋发努力。

班集体的奋斗目标是综合的，包含了德、智、体、美、劳各个方面。各个方面的和谐发展，意味着每个集体成员的健康成长，这就要求必须开展体现德、智、体、美、劳各育的班级活动。班级活动的丰富多彩，主要是从这个意义上说的。如果从育人的内容上"单打一"，搞的活动再多，也不符合要求，也谈不上班集体的真正形成。

班集体的共同奋斗目标，是班集体的理想和前进的方向，班集体如果没有共同追求的奋斗目标，就会失去前进的动力。所以，一个良好的班集体应该有一个集体的奋斗目标，这个目标应是远期、中期、近期目标的结合，逐步实现目标的过程会产生梯次激励效应,形成强大的班级凝聚力。作为班级组织者的班主任应结合本班学生思想、学习、生活实际,制定出本班的奋斗目标。在实现班集体奋斗目标的过程中,要充分发挥集体每个成员的积极性,使实现目标的过程成为教育与自我教育的过程,每一集体目标的实现,都是全体成员共同努力的结果,要让他们分享集体的欢乐和幸福,从而形成集体的荣誉感和责任感。

1、学期目标体系化

班主任在新学期开端总要制定学期目标,不妨将一学期所要奋斗的目标体系化,为全班同学今后的努力指明方向。初一学生正处于人生观、世界观、价值观形成的重要阶段。没有目标,就会失去方向;没有措施,一切都是幻想。目标确定包括班级目标确定和个人目标确定,同样,制定措施也包括班级发展措施和个人发展措施。怎样才能更有利于班级和同学发展的目标和措施呢? 班主任采用了民主集中制的原则,通过"一人一建议"、小组讨论、班委会、班会等形式,从学习、纪律、两课、两操、两活动、卫生、礼仪、中学生日常行为规范等方面,提出了明确的目标和措施,由于这些目标和措施完全是由同学们自己制定的,所以同学们在完成自己目标和班级目标时,就显得更主动,更得心应手,这就为以后同学们更好地完成班级目标和个人目标打下了坚实的基础。具体系列为:德育方面,做一个有素质学生,为班级争光,不为班级抹黑;智育方面:尽心尽力学习,提高成绩,让任课老师对我们有信心,让家长称心;体育方面:运动会上打翻身仗,提高达标率;美劳等其他方面,露一手,显示我们的心灵手巧。有了目标就有了努力方向,在以后的班级工作中,我们就围绕这一目标,结合学校的各项活动展开。在共同目标的制约下,全班同学都能从集体利益考虑,增强了集体凝聚力,并在校举行的各项活动中取得很大进步,班风班貌趋向稳定。

2、学期目标具体化

学期目标制定出来后,可能是抽象的、远距离的,为了调动学生持久的积极性,还应根据学校和班级举行的多种活动(如值周劳动、各种讲座、主题班会、运动会、争创星级文明宿舍、体育周、元旦艺术节等),即以活动为载体,将学期的长远目标近期化,抽象目标具体化,理想目标行为化,集体目标个体化,以达到目标效果。如在校科技节活动中,班主任说,一个高素质的现代学生,不只是学习上的单打一,而应是生活中的多面手。从这些活动中可知,在实现班级目标的过程中,班主任要使班级的集体目标与学生的个体目标和谐统一起来,因为学生毕竟是活生生的人,他们有自身的需要与欲望,不可能只为实现班级目标而参加班级的各项活动,也希望通过班级的各项活动来施展自己的才华和能干,令人刮目相看。因此,班主任不能把目光只盯在班级目标上,而应同时注意了解与研究学生的个体目标,尤其是了解和研究那些对于学生内化班级目标有影响的个体目标,努力使两者相结合,以保证既满足学生的个体需要,又完成班级的共同任务。学生个体目标与班级目标结合得越好,学生的自觉性就越高,班级目标与个体目标实现的可能性就越大。

班级奋斗目标是全体师生共同努力的方向,是全班统一认识和行动的纲领。对于刚接手的一年级新班或差班、乱班,班主任必须深入到学生中去进行细致的调查研究,尽可能了解和吸收学生的愿望和要求,在此基础上向全班提出要求并以此作为班级奋斗目标。在定出目标以后班主任还必须反复讲解、动员,使目标逐步转化为学生自觉的努力方向。对于中高年级或者发展状况良好的班级,班主任要充分尊重学生的主体性,发挥每个学生的积极性,让他们以主人翁的态度,主动积极地提出自己的奋斗目标。如让每一位同学写一份自我介绍,说出自己的优点和不足及准备克服哪些缺点等,然后班主任集合大家的兴趣和爱好,结合学校的工作计划,与学生共同研究讨论,制定出符合本班实际情况的奋斗目标,并且把近期目标和远期目标结合起来,体现目标的层次性、阶段性和针对性,在全面分析和充分发动学生的基础上逐一落实。

二、学生个体目标的实现

作为学习者,及早地明确自己应该学会什么,并确信这些内容值得一学,他们就会自觉地、努力地学习。国内外的学习实践都证明,学习目标具有导向、启动、激励、凝聚、调控、制约等心理作用。明确的学习目标比没有目标对学生学习活动安排、学业成绩提高都会产生更积极的影响。中国科学院心理研究所关于《目标设定对作业行为影响的实验研究》表明，实验Ⅰ中确定明确目标的理科学生的平均计算用时明显低于实验Ⅱ的没有确定目标的学生，$P<0.001$，达到非常显著性差异。还有一些研究表明，完成同样的学习任务，如果学习者学习目标明确比没有目标可以节省60%的时间。有人打过形象的比喻：没有目标的学习像是饭后散步，有明确目标的学习像是运动会上赛跑。G·丹尼斯1970年的研究指出，当学习中行为目标十分突出时，对学生后面的学习能发挥最佳的作用；R·坎普兰1975年的几项研究也表明：当被试将行为目标作为引导自己学习特殊的材料内容时，回忆的成绩较好。明确的学习目标有时还通过对学生注意的分配以及注意集中的强度产生一定的影响，从而提高学生的学习成绩。例如，罗思科和比林顿发现，中学生和大学生对教材中预期要问到的部分，会有更好的结果。他让学生在计算机屏幕上读一篇27页的说明文，录读每一段屏幕材料时，对部分学生总是提问专用名词，对另一部分则总是提问技术性术语，同时在听到一声响时还要按一下空格键。研究结果表明，两部分人都对所提问题部分着重阅读，测验成绩也好，而对另外部分则反映较慢，成绩也差。

国内的某些研究也表明：学习者对应掌握的部分引起注意的程度高要比不明确告诉学生教学目标要求的好，二者平均差距在3—5分之间。这就是说、要提高学生学习成绩，使学生明确学习的目标非常重要。一些研究发现：具有较好结构特征的学习材料趋向于使行为目标流行形式，而当学生学习比较松散的材料内容时，明确的教学目标可以起到先行动上织者的作用，即能帮助学生对这些材料内容进行整合，整体地被纳入到认知结构中去，从而提高学生的学习成绩，还有一些研究表明在传统教学开始之前向学生陈述明确的教学目标，比在非传统教学（即计算机辅助教学、程序教学，视听教学等）之前陈述明确的教学目标，其对学生学习的促进作用更大。

学习者学习前必须认真地钻研教学大纲和教材，弄清教材的重点、难点和关键，准确地制定教学目标,同时还要全而准确面又有重点地掌握学习目标。要防止实践中的诸如无限地扩充知识内容、滥用复习材料、大量拼凑练习题等导致负荷过重的错误做法。学习者形成不同性质的目标结构体系对教学成效会产生不同的影响。40年代,多伊奇通过大显现场实验发现,学校中运用不同的奖励方式,可以导致学生间不同的相互关系,使其形成具有不同性质和特点的目标结构。多伊奇将目标结构分为三种类型:合作、竞争和个体化目标结构。合作目标结构是指在团体中不同个体之间有着共同的目标,只有当团体中所有的人都能达到目标时,个体才能达到目标获得成功。竞争目标结构系等教育个体之间的目标存在着对抗性。"它促使并鼓励数量有限的学生在高层次上获得录用,而大多数则不能。"这种目标结构促使每个个体都寻求对自己有益、而对其他个体来说是无益的甚至是有害的活动,并最大限度地增加自己成功的可能性。个体化目标结构系指在一个团体中,个体能否达到目标与他人无关,个体关注的只是自身的进步幅度。因此个体之间形成的是一种相互独立、互不干扰的关系。

三、个人目标与集体目标的关系

班主任在指导学生制定或调整个人目标的同时,一定要求学生定出实现目标的具体计划,即把目标从"量"上按时间进行分割,为目标的实现做出一张时间表来,将任务落实到具体的"时间点"上,做到定量、定时。学生计划定出之后,班主任要引导学生从两个方面对计划进行自我审查:一是看各项任务的时间安排是否发生冲突;二是估计所定的任务"量"是否合适。对于不切合实际的安排,要帮学生进行调整,确保计划能够不折不扣地落实。在这方面,青年教育家魏书生做得非常好,在他的指导之下,学生的计划定得非常细,有月计划、周计划、日计划,几乎把要做的每一件事都细化到了每一天的每一分钟里。他的学生,到什么时间做什么事。不仅完成任务的效率高,显得轻松愉快,而且,还养成了自我规划、自我管理、自我教育的好习惯。在整个目标实现过程中,班主任还需要鼓励班级每一位成员的团队协作精神,其职责是激励和监督整个班集体向总体目标努力。当每名同学都意识到，只有所有成员全力以赴达到个人目标时才能实现班级整体目标，这种目标就会集中学生的注意力，一些琐碎的小事、小矛盾也就往往随形而灭了。此时，如果还有学生要破坏班级整体利益，其他同学就会谴责他不顾及班级大局，一个紧密团结、和谐向上的班集体就形成了。

班集体建设目标是指通过班集体建设活动所要达到的行为结果。班集体建设的目标是班集体建设的第一要素，班集体建设的基本问题就是班集体目标逐步内化为每个成员的精神需要，使每个学生的认识情感、意志和行动同集体的要求统一。同时也是通过班集体建设活动，提高学生的素质，让集体每个成员的个性获得充分地发展。

(1) 班集体目标的提出对素质发展的导向作用

学生参与制定目标。之所以需要这样做的原因，除了集中学生智慧，克服片面性以外，更重要是为了让学生成为建设班集体的主人，突出学生在班集体建设中的主体地位和发挥学生的主动精神，调动全体学生参与建设班集体的内在积极性，并在建设班集体中接受教育。不仅如此，班集体目标是要靠全体学生努力才能实现，只有人人参与制定目标，才能使学生把班集体建设当作自己的事情，真正把自己溶化于集体之中。通过必要的调查手续摸清班情，是制定班集体建设目标的客观基础。再对照班集体标准，找出差距，制定出具有素质教育特征的班集体建设目标。班集体建设目标的提出过程本身就是学生素质发展的过程，同时也为素质的发展指明了方向。班集体目标是师生共同参与而制定出来的，目标设置水平比较切合实际，经过努力可以达到，使学生增强了克服困难的信心。目标水平与现实水平之间也存在一定的差距，有差距就有吸引力，适度的困难可以激发学生为达到目标作出努力。因而恰当的班集体建设目标对发展学生的素质不仅具有导向作用，而且具有激励作用，这种具有激励性的班集体建设目标给全体学生带来希望，产生强大的动力。

(2) 班集体建设目标的实施过程对素质发展的导向和激励作用

活动是班集体建设的操作手段,是达成班集体建设目标的途径。班集体建设目标的实施过程实质上就是开展一系列活动的过程,是通过活动去建设健全的组织机构,通过活动,促使班级内外的人际交往,通过交往而形成良好的人际关系,通过活动而形成自己的规范和自觉的纪律,通过活动去完成教育教学任务,通过活动去发展学生良好的个性品质。班集体扎根的土壤是学生丰富多彩的共同活动。它是为满足彼此需要而产生的相互配合的行为动作。它总是为了满足参与活动的人各自的需要而进行的,通过共同的活动,更直观、更具体地展现集体的意志和精神,共同活动约束着每个成员的言行,对学生素质的发展具有导向作用。共同活动要求每个学生为实现共同需要,在活动中要彼此协调,相互配合,正确处理分工与合作的关系。共同活动有利于建立和完善责任依从关系,使学生之间的关系得到完善。通过活动的竞赛和群体的评价,通过奖励和批评,优化了集体的舆论,促使学生自我教育,激励学生不断提高自身的素质,完善自身的人格。班集体建设目标提出和实施过程,就是学生素质得到发展的过程,它对学生素质的发展的导向和激励作用是不可低估的。

对学生的教育,少不了社会的关心,家长的关怀和学校的关爱。单一地完成一个孩子的成长教育是做不到的。当孩子离开父母踏进学校的大门,他的接触面发生了根本的变化。在家庭的那块小天地里,相当一部分孩子宠爱有加,过着衣来伸手,饭来张口的生活。他们依仗着父母不曾经风雨见世面,在他们心目中是"唯我独尊",爷爷、奶奶视为"掌上明珠",父母视为"小太阳",因为孩子们是他们生命的延伸,对他们百般呵护。班主任老师则可运用班集体这个载体,给予他们集体的温暖,但孩子的聪明与笨拙,成绩的优劣,往往是班主任权衡学生的一把尺子。

对待每个孩子的成长,教师厚此薄彼是不可取的。这不利于班级整体风貌的形成，不利于学生凝聚力和向心力的形成，高素质教师，会对每个学生的个性差异有一个整体的了解，运用主体思想替代客观事实，使优者更优，差生赶优，均衡地张扬学生的个性特点，让每个学生感受班级集体温暖和活力的存在，正确地引导孩子们的个性发展，让他们今后走出学校走向社会夯实基础。

荣誉是成功的动力和力量的源泉，如果这种荣誉感的建立在班级基础上，那就是智慧和希望所在。

荣誉要创造条件才能获得。当荣誉获得之后，我们在自信之余，要自勉，而不能自傲。自傲往往表现是沾沾自喜，漠视周围的一切。把荣誉当作目标的终点，不是当成奋斗的支点。

如果我们去刻意地追求荣誉，一旦荣誉与我们无缘时，就往往是心灰意冷，甚至当别人获得殊荣时，就去忌妒嘲弄，产生不思进取，不求拼搏的心态。

班级情趣是与学生的知识共同和谐发展的整体，也是激发学生充满童真童趣的调色板。如果我们的学生成天机械地面对书本和作业，学生就会产生厌倦的心理。

如何让学生把"要我学"变成"我要学"，这里头就有个愉快教育的问题。如果老师一味地去按照自己的"定向思维"去传授知识，学生恰巧得不到知识。如果老师把情趣教育与知识教育融为一体，学生会灵活地、快捷地掌握知识。现在我们可以探讨情趣教育。

◇感性与理性

如果我们让学生写一篇关于描写春天去野炊的作文，我们不妨领着学生，打着彩旗，背着炊具和生活用品去爬山，看山，从大自然中感受阳光的温暖、空气的清鲜，树林的葱绿，岩石的雄奇，然后完成一次自助餐。教师可以让学生感知的东西上升到理性的高度加以诱导，学生终于找到大自然的亮点，也能体现一种自然与人交汇的美好事物的存在。

◇说与动

老师布置学生要搞一次科技活动,完成一件科技制作。教师可以引导学生对科技制作材料的选择,构思的确定,颜色的调配,然后让学生自己制作,在说对思想内涵的挖掘和情感的表达,学生就会在说与动中受到教益,这一过程的完成使学生怡情、生趣。

◇主体和客体

情趣教育的目的是教育者引导学生实践。最后情趣的受益者是学生而不是老师。他们从情趣教育中认识社会,学到技能,开阔视野,完成一个从无趣到有趣的心路历程。这其中的微妙变化使学生的个性张扬和趋于完美,有助于对世界中真、善、美、丑,正义与邪恶的初略了解。情趣角色悄悄地得到转移,为他们步入社会,直面人生,奋力拼搏开拓了施展才华的空间,从而达到服务于社会的目的。

第二节 抓好班委会建设——"基层组织"的管理

一、严格的班委会纪律

(一)一个班委会职责实例

班委会工作分工

(1) 配合班主任教育学生努力学习,组织有关学习活动,介绍学习方法,交流学习经验,帮助同学解决学习中的困难,完成学习任务,提高学习质量。

(2) 协助班主任和任课教师教育学生增强组织性、纪律性、遵守学校和班级规章制度,保证各项规定和措施顺利进行。

(3) 协助班主任组织同学参加各种有意义的活动,提高同学的政治觉悟、道德水平和各种能力,增强劳动观念。

(4) 坚持原则，敢于向不良思想和行为作斗争，自觉维护集体荣誉。

(5) 关心全班同学的生活，团结友爱，互相帮助，帮助家庭困难和学习基础差的同学解决学习和活动的困难，共同进步。

(6) 维护同学的正当权益，反映同学们的建议、意见和要求，促进同学之间、同学与教职工之间的团结。

(7) 协助班主任并组织好班会，经常开展批评与自我批评。

(8) 积极主动完成好学校、班主任、科任教师安排的各项工作。

班干部工作职责

班长：负责班级全面工作

(1) 对班级工作全面负责，以身作则，团结班委，凝聚同学，带领全班同学遵守学生守则，搞好班级建设，努力使本班形成一个遵守纪律，团结向上，勤奋学习，朝气蓬勃的集体。

(2) 了解掌握本班同学的思想，学习，纪律和生活情况，主动向班主任请示和汇报工作，及时反映同学的意见和要求。

(3) 配合班主任和团支部做好本班学生的思想政治工作，发挥联系学校、老师和同学之间的桥梁纽带作用，努力完成他们交给的各项任务。

(4) 督促检查全班同学执行学生一日规范及校规校纪。

(5) 定期向班主任、班委会汇报工作，不定期向全班同学通报班级有关情况。

(6) 组织本班同学准时参加年级、学校的各项活动，维持本班的纪律。

(7) 主持召开班委会会议，讨论改进班级工作。

(8) 详实记载班费收入、支出情况。

副班长：主负责课前纪律、广播稿工作

(1) 协助班长抓好全班各项工作。

(2) 负责班集体育、卫生、生活工作。协助体育委员督促同学做好"两操"，协助劳动委员督促同学打扫清洁。

(3) 定期向班主任汇报班级情况，提出开展班级工作的建议和意见。

(4) 指导和协助其他班委会成员开展工作，并领导和协助小组长工作 。

(5) 做好校广播室宣传稿的收交、记载等工作。

(6) 班长不在时代理班长。

团支书：主负责课间休息纪律工作

(1) 搞好班级团支部建设。

(2) 搞好团员的管理，做好同学的思想政治工作，搞好班级政治学习活动。

(3) 负责组织全班团员，按时完成学校团委布置的各项任务。

(4) 负责发展新团员的工作，负责对团外积极分子的帮助和引导，使之尽快达到团员标准。

(5) 监督班级的各项管理工作。

学习委员：主负责课余自主学习工作

(1) 经常了解班级同学的学习情况，帮助同学解决学习上的困难，传达学校有关教学方面的通知精神。

(2) 及时向班主任、任课老师反映学生对老师教学的各项建议，加强学生与老师的联系。

(3) 督促和指导各科代表的工作。

(4) 注意发现同学中确有实效的学习方法，帮助同学进行总结。组织交流，不断提高全班同学的学习积极性。

(5) 配合班委搞好其他工作。

劳动委员: 主负责清洁区卫生工作

(1) 督促同学保持教室整洁,不断养成整洁卫生的良好习惯。

(2) 安排、检查每天的清洁区值日和其他公益劳动,负责劳动工具的借还。

(4) 负责保管教室的清洁工具,并固定放置适当地方,以不影响教室的整洁。

(5) 节约用电,及时关闭教室电灯、电风扇。

(6) 组织参加学校安排的劳动活动,并负责考核。

(7) 做好班上的其他工作。

生活委员: 主负责教室卫生工作

(1) 关心同学生活,了解同学在生活方面的意见和要求,及时向班主任和学校有关部门汇报。

(2) 安排、检查每天教室的清洁值日。

(3) 经常召开寝室长会议,搞好寝室的纪律和卫生。

(4) 做好班上的其他工作。

体育委员: 主负责两操工作

(1) 协助体育老师上好班级的体育课。

(2) 组织班级参加学校的各类体育活动。

(3) 负责校运会、全校会操的组织发动工作。

(4) 做好学校集体活动的集队和安全管理工作。

(5) 做好班上的其他工作。

宣传委员: 主负责黑板报工作

(1) 搞好班级的各项宣传活动。

(2) 负责安排、督促和指导同学定期出好学校、班级黑板报、墙报和其他专栏。

(3) 发动同学布置、美化教室环境。

(4) 做好宣传资料的收集、整理和保管工作。

(5) 做好班上的其他工作。

文娱委员: 主负责文娱工作

(1) 组织参加学校的各类文娱活动。

(2) 组织同学排演文艺节目, 安排好重大节目的庆祝、联欢活动。

(3) 做好班级的其他工作。

纪律委员: 主负责班级纪律工作

(1) 监察督促班干部完成各项工作, 协助其他班干部维持班级纪律。

(2) 记载各种违纪情况, 发现情况及时向班主任报告。

(3) 调解同学间的矛盾。

(4) 发现同学遗失东西要及时报告老师。

(5) 做好"班级学生考核"中的"影响课堂纪律""违反其他纪律"指标的记录与统计。

(6) 做好班上的其他工作。

科代表

(1) 负责本学科老师委派的任务, 例如:收发作业、试卷, 准备课堂教具, 协助老师做各种演示。

(2) 及时搜集同学们对教师教学的意见和建议, 并及时向老师反映。

(3) 协助老师调查。了解分析本学科学习差的同学的困难及障碍, 并尽力帮助其排除一部分。

(4) 负责本学科收作业, 并记录缺交的情况。

寝室长: 主负责寝室的清洁、纪律工作

(1) 安排、监督本寝室每天的清洁卫生。

(2) 管理好本寝室晚寝的纪律。

(3) 记载本寝室好人好事、违纪现象,并及时向班主任汇报情况。

(4) 协助管理员做好其他工作。

组长

(1) 组织本组同学完成学习等各项任务,做好记录与统计。

(2) 收发本组作业本,帮助和提醒不交作业的同学,并把各次不交作业的同学名单交科代表。

(3) 协助班干部维持本组纪律,做好记录。

(二) 班主任的具体做法

1、前期讨论

召开集体班会,与学生一起讨论班级管理的方式,确定班级管理的目标与班级精神目标。

在讨论班级管理模式的时候,让全体同学各抒己见,每个人都把自己的观点充分地表达出来,而这其中,要避免同学之间的反驳意见,让全体同学都完整地表达观点,无论是正面的还是负面的,都要全部表达。而在学生们发表完自己的观点以后,班主任要及时作总结,将学生的观点科学地分类,把有利于班级管理的观点列举出来,认真分析同学们提出观点的初衷,在保证学生积极性的前提下,使学生的观点得到老师的认可。当老师表达了自己的观点以后,还要经过全体同学的研究和讨论,最终确定具体的实施方案。

2、成立班委会

民主选举几位同学担任每一轮的班长,后由每任班长自由组阁成立班委会。同时,每一任班委会必须召开会议,制定自己的管理制度与计划。

参照国家政治制度的做法,在班级选举一位班长,再由班长负责组建班委会,而班委会中的成员一定要经过全班同学的不记名投票，然后由新一届班委会全体成员在班级同学面前宣誓就职，然后由班长宣布这一届班委会的执政理念，宣布对内对外政策，力争获得全班同学的同意与认可。每一届班委会要有一定的任期，这期间对于不称职的人员要进行撤换，更换人员的标准通常是以学习成绩为首要条件，其次是在班级为学生服务的情况。在本届班委会任期结束以后，班级还要举行相关的会议进行换届选举。

上述办法看似很繁琐，但是对于培养学生的民主意识、培养学生参与政治生活的理念都是有帮助的。

3、确定长远目标

在管理过程中要求每一任班委会不能脱离集体班会所确定班级管理与精神目标，但可以用自己的方式开展一些活动。

班委会在运行过程中，要始终保持清醒的头脑，始终把班级的发展放在心头，不可以脱离集体意识和班级精神的目标。因为这一切是班级领导的精神力量，而这些精神力量的产生，又是全体班级成员的共同意识，班委会要忠实地履行职责，不可以做违反全班同学意愿的事情，要随时接受班级其他成员的监督和批评。

针对班级内外发生的各种事情，班委会要组织全班同学共同应对，不要独断专行。而在日常班级管理中，要组织一些有助增加班级凝聚力、有利于班级团结和班级精神发挥的活动，通过这些活动的开展，实现班委会成员在竞选中的承诺，也同时实现班级的长远目标，对于班级的发展是有利的因素。

4、建设班级文化

要求每一任班委会必须都要出好有自己特色的班报，开好主题班会，处理好班级日常事务，并在期终对每一任班委会的工作进行综合评定，选出"杰出班长"、"先进班委会"、"优秀班干部"。

班委会在对本班精神进行的宣传方面，要做到通过多种形式，如班报、制度制定等方式,使学校各个年级和班级都知道本班的精神实质。并通过主题班会,使班级全体成员都得到提高,也让学校里盛传本班的思想精神。班委会成员在学校和本年级要不断地宣传本班的学习和生活中值得表扬的事情。而且同时要保证"班丑不可外扬",班级里那些"不足为外人道"的事情千万不要对外宣传,不可以让班级的不良印象流传于学校内外。

5、形成科学机制

为了鼓励班委会成员的积极性,肯定他们的工作,认可他们工作的辛苦,在学期末,在班级范围内,对班委会每一位成员都做出客观的评价,从工作理念、工作能力、办事效率、人际交往等几个方面进行综合评定,最终选出"杰出班长"、"优秀科代表"等。还可以推选本班的优秀班委会成员参加学校"优秀班干部""先进班委会"的评选。这样不仅让班委会成员心理更舒服,认为自己的工作得到了大家的认可,而且还有利于班委会成员更好地为大家服务。

同时,班主任还可以采取班委会"轮换制"机制,不但鼓励班委会成员服务好大众,也要使他们心理上存在一定的压力,因为自己工作得不好,就会被淘汰,还有利于更多的同学参与到班级当中来,使自己的能力得到发展。班委会"轮换制"有如下益处:

1、打破了固定班委会管理的死气沉沉,激活了班级管理机制,活跃了班级气氛。班委会"轮换制"可以灵活地解决班级存在的种种问题,让更多的学生参与班级管理问题。对于班级的活跃气氛起到帮助作用。

2、充分发挥了每一个班干部的工作热情与激情,提高了班级管理的质量与效率。在"轮换制"的压力下,每一位在班级事务管理的过程中都会非常小心,考虑问题的时候都会格外的细致,这从一个侧面保证班级事务的更好管理。

3、调动每一个学生参与班级管理的积极性,树立学生的班级主人翁精神。学生之中可谓是"人才辈出",每个学生在不同的成长阶段,都有为大家服务,实施自我理念的想法,所以他们也都会想着自己的"政治前途",这些想法促成了其在班级日常管理中, 更善于表现自己的能力。正是由于每一个学生都考虑班级事务的管理, 所以班级才会有长足的进步, 在学校中立于不败之地。

4、在管理工作中每一个学生有发挥特长的机会, 使每一个学生得到锻炼, 提高每一个学生的综合素质能力。

5、在管理工作中让每一个学生提高自我约束能力, 降低班级管理的难度, 尤其是对后进生的转化工作有很大的促进作用;

6、培养学生的团结协作能力, 促进同学的友谊, 加强了师生间的交流, 使班级管理问题变成一个共同创造集体的问题, 增强学生的集体荣誉感。

二、班委会工作的开展

1、在"创"字上下功夫

"创"是班委会管理的前提。要使班委会成员能够很快成长为班主任的得力助手, 并协助班主任搞好班级管理工作。班主任就必须首先抓好班委会的建设, 着力培养好班委成员, 要通过多渠道挖掘人才。其次是要建立健全班委会管理制度, 使班委会做到为班集体办事, 办好事。为很好地履行班委会职责提供坚强的堡垒。再次是提高班委会成员的服务意识, 创新意识和班集体意识。班主任通过对班委成员的不间断的组织学习, 座谈会, 交流工作心得等不同的多种形式, 强化班委会成员的争先创优意识, 并从中发现本班在管理中存在的问题和薄弱环节, 及时商讨改进意见, 班主任也要提出指导意见, 并要求做到组织到位, 责任到位, 保证班委会的各项工作落到实处, 取得成效。

2、在"先"字上见行动

"先"是班委会工作引领。"火车跑得快, 全靠车头带。"班干部的示范表率, 具有无声的号召力。班主任要时刻要求班干部不仅仅在学习上严格要求自己, 还要在日常的工作中要处处起着模范带头的作用。并把班上同学们以分组的形式, 让班干部分组管理和负责,每个月公布一次各组的工作成绩、学习情况及各小组的互帮互助情况。同时,每周的班会上班委会要对各小组的工作情况进行点评,相互交流。月总结会上各班委会成员要对本人的工作向全班作汇报,从而有效地引领班委会成员增强责任感,改进工作作风,提高管理水平和服务意识,用自己的实际行动树立起班干部的良好形象。

3、在"争"上求突破

"争"是班委会工作的方法。班委会按照学校及班主任的要求,努力开展创先争优活动。班委会成员间要相互信任沟通,班级重大事情和问题集体研究决策;自觉开展批评与自我批评,在班主任的协助下共同制定改进措施,坚持心齐气正,目标同向。在抓好本班管理工作的同时,还要正确处理好学习与工作的关系和同学之间的关系,要积极开展小组帮扶活动,在活动中密切与同学之间的关系,在活动中及时发现同学们在学习上,生活上的困难,并协同班主任及时给予帮助和解决。

4、在"优"上出实效

"优"是班委会工作的最终体现。班委会要严格以"学习成绩优,工作业绩优,学生评价优"为标准,努力打造过硬的班干部队伍,以激发创先争优的内在动力,建立起完善的班委会工作考核、评价、反馈体系。班主任每季度对班干部进行一次全面考核,认真点评,帮助班委会分析问题,提出改进工作的要求和意见。每季度评出优秀班干部,使全体班干部在各自的工作岗位上有标准,有目标发挥先锋和模范作用,有效地树立班干部的形象,确保班委会的号召力。

班委会的作用要得到有效的发挥班干部工作方法只能从实践中逐渐成熟,工作能力只能在实践中逐渐提高。班主任应该尽可能地为班干部提供锻炼、成长的机会。例如:班会、班委会议由班干部自己主持,班主任在这些活动中只担任"导演"角色,让班干部担任"主角"。这样既能锻炼班干部的能力,又能使他们在实践中得到同学的认可与信赖,有利于增强班干部工作的信心,工作的积极性,工作的实效性。

第三节　民主管理模式

一、班主任的主导作用

1、在宽松、民主的氛围中发展学生个性

良好的班集体、良好的集体心理气氛，使学生感到集体温暖、同学友爱、教师可亲，这种情感倾向有利于激发学习积极性，是个性发展的良好环境。在良好的班集体中，平等竞争是个性不断深化、不断完善的催化剂，学生在班集体活动中相互比较，产生了竞争。竞争的结果使学生得到提高和对自我的重新认识。良好的班集体与个性发展的关系要求班主任在班集体建设中处理好三个关系，即师生间建立起相互尊重、相互理解、相互促进的关系；生生间建立一种互相理解、互相体谅、团结友爱的关系；学生和集体应该是鱼和水的关系，让学生喜爱自己的班集体，认识自己是集体的主人。

班主任要用心灵去体察孩子们的内心世界，了解他们的所思所想，才能真正用爱的力量去教育他们，学生就会亲近你佩服你。热爱每一个学生，就要让每个学生都感觉到自己被老师、同学、班集体所接纳，感觉到老师、同学们时时关注着自己。让学生相信自己："我能行，我一定能行。""我对班级有用，对同学们有用。"这样每个同学都有成就感、自豪感。著名教育家诺尔特曾说过："如果一个孩子生活在表扬之中他就学会了感激。"在平时的工作中，要常常告诫同学们如果你能用赏识的眼光欣赏同学，用放大镜寻找同学的优点、长处、闪光点，那么他也会友善地对待你。其实每个学生都有自己的闪光点，只要创造让学生发挥特长的机会，学生就会在成就中进步，在鼓励中充满自信。

班主任应放下师道尊严的架子。要让学生真正感到在这个班集体里面，老师是其中的一员，与他们是平等的，那班主任首先应表明这一观点，告诉学生在这群体中，老师

只不过是领头雁而已，这样说更应这样做。班级大事大家拿主意，然后集体做决定，切不可专制独裁，为追求一种所谓的威严而失去人心。班主任要平待地对等每个学生，关心每一个学生，不偏袒优生，漠视差生，这是班主任工作中至关重要的一环。

2、在丰富多彩的活动中展示学生个性

班队活动是创造异质集体主要阵地。在班会活动过程中，要充分发扬民主，调动学生积极参与意识，把学生推到班会活动的前沿阵地，发掘学生的创新精神，充分体现学生的主体地位，所以班主任的工作不能定位于学生道德素质的培养，还应重视综合素质的培养。班级的各项活动都是培养和展示学生能力的机会。千差万别的个性特点，导致了学生爱好上的差异，班主任应根据学生的不同爱好和特长，定期举行各类集体活动。

学校里每年的大型活动有田径运动会、艺术节、迎新年、歌咏比赛等，这些活动都是学生进行自我教育的很好机会。每次活动前我都要精心设计，精心组织，选拔在这方面有特长的同学组成领导小组，让学生自己定计划，开展工作。三月份学雷锋，我班开展了学雷锋事迹，讲雷锋故事，续写雷锋日记等活动。"雏鹰假日小队活动"中，队员们精心筹划每次活动内容，擦洗银河公园的小亭子、做绿化保洁使者、打扫教师宿舍楼等活动开展得有声有色，做到周周有汇报，月月有总结。通过这些活动，学生动手、实践能力增强了。春游活动也是学生自我教育的好时机，此时可以把游览祖国美好河山与美育、环保教育和爱国主义教育结合起来。要让每个学生都真正成为学校的主人，就必须通过丰富多彩的班级活动形式来实施班级管理工作，不仅可以丰富学生的感情认识，扩大他们的知识视野，而且还能够做到寓教于乐，将繁琐的管理规则置身于饶有兴味的活动过程之中，进而提高学生的思想认识，增强自我管理、自我督促的自觉性。真可谓事半功倍，一举多得。

3、在以人为本的管理中培养学生个性

班集体是师生共同组成的集体，只有师生共同努力才能把班集体管理好，这就需要

班主任实施民主管理。民主管理的关键是使班集体成员形成主人翁具有责任感,学生的主人翁责任意识不是班主任"给予"的,而是在主动参与班级管理的活动中形成的。

(1) 丰富班级管理角色,提高每一个学生的自主管理能力

丰富班级管理角色,创设发挥个性的管理环境。这样使更多的学生在集体中承担责任于集体,并在此过程中提高了管理能力。增设管理岗位。民主选举、竞选产生的班委委员轮流担任值周班长,负责管理一周全面工作;其余同学轮流担任值日班长,配合做好一日工作。循环轮流,每日都有两位同学参与班级管理,为充分发挥学生不同个性创造条件,除班级基本的管理岗位外,还设置了班级图书管理员、课间纪律巡察员、班级环境保洁员、作业情况督察员、黑板报主编、报纸分发员等管理岗位。在管理角色分配时尽量减少兼职,争取一人一岗。腾出位子,让所有同学都有管理岗位,尽量避免一人多职。学生参与班集体的服务和管理,在服务和管理中实现自我的价值,使整个班集体"班级的人,人人有事做,人人做主人,班级的事,事事有人管,事事成好事。"使学生成为自我管理、自我发展、自我教育的主体,激发了学生主动参与班级管理的积极性,并从管理者的角色中学会管理他人、学会自我管理。学生们协作意识、管理能力、团结精神等品质一一培养了起来,增强了班级凝聚力。

(2) 放手管理,培育创新,促使管理班级中发挥个性落到实处

班级管理中要重视培养每个学生的能力,就是鼓励学生善于发现、善于创新,注意让每个学生都能够各展其能、各施其才,使班级成为学生释放能力的场所,培育学生的创新精神。如对于每一个学生,老师可以创建"特长卡片"并鼓励学生培养特长、发展特长,并根据学生特点鼓励学生不放弃每一个能力展示的机会。在班级中形成用能力去创造,在创造中展才华的氛围。班级的图书角是学生自己编目、管理的;班级的黑板报是善写会画的同学争着办的;班级联欢会的节目是学生自撰自创自演的;主题班队会是学生自己组织的。班级里的每一项工作,班主任都鼓励全体同学参与,各展其能。只有发扬民主,遇事大家商量,集大家智慧,发挥学生个性,才能把活动搞得有声有色。

二、全体成员的参与

1、广泛动员树立自信

班主任在在班级和民主管理的进程中，首先要做的工作就是要统一思想，广泛动员，让同学们在班级管理之中能够自信地参与其中，在这个工作的指导过程中，班主任还要特别注意注意那些内向的学生，由于他们的感情比较稳定且意志比较薄弱，所以在引导他们参与进来的时候要注意让他们正确认识自己，增强自尊心、自信心和进取心。同时，可以通过让学生们创造一些作品，在全体同学面前大声地朗读出来，也可以设计一个关于树立信心、积极参与管理的黑板报来做宣传工作。通过学生之间的各种交流，可以使全体同学的积极性迅速调动起来，全身心地投入到未来的班级管理工作之中。

2、积极扶持增强自律

我们以班级中最平常的一件事情——值日为例，在一所中学当中，一位班主任A老师是这样做的：

通过班主任的认真鼓励和引导，学生在自己值日的时候，都会先把自己在这项工作中要做的大大小小的事务一一设计和安排好，第一，检查家庭作业、早读、默写以及个人卫生等；第二，管理好班级同学的行为规范，要求同学上课遵守纪律，下课不追逐打闹，不说粗话、脏话等；第三，监督同学在校外的表现，规定不准去游戏机室、不准打台球等。而且要求每个做值日生的同学都要在这一天里做到以身作则，不打击、报复同学，不包庇同学。

3、积累经验形成自主

班主任要经常收集学生的反馈信息，按时进行周小结和月总结，利用黑板报表扬那些表现好的同学，对得分较低的同学进行个别交谈，帮助他们分析原因，耐心地教育他们。同学们每完成一项与班级管理相关的工作后，班主任都要组织班级的全体同学进行同学之间的评价和班主任的评价，而更重要的是自我评价。与此同时，班主任还要让学生以"我是如何完成……工作"为题，写出自己参与班级管理的内心感受，在与同学们一起分享工作经验的同时，也可以获得来自全体同学的或积极、或消极的评价，帮助同学们帮助他一起总结成功的经验，总结工作中的不足，指出未来的工作方向。

通过建立各个参与者之间的密切联系，要形成一种自主管理机制，在班级营造出一个真诚、友爱、活泼、轻松、上进的气氛。这样，每个学生的个性和才能就能在班集中得到充分的表现，学生就能从内心深处喜爱自己的班级，感到自己需要班级，而班级也需要自己，认为自己的荣誉与班级的荣誉密不可分，自己是班级的主人。

实施良好的班级自主管理体制以来，班级的班风正、学风浓，经常会获得学校、社团、社会等各级组织的表扬和荣誉。究其原因，主要是由于民主的班级管理模式增强了学生的参与意识，增强了学生的责任感，同时也使学生的综合素质得到了有效提高。

当然，这样做必须充分考虑学生身心发展的承受能力和素质形成规律，防止揠苗助长，过于理想化。

三、民主协商的进行

第一步：培养学生的权利意识，只有团体中的大多数个体都有意识对自己负责任的时候，民主才有可能产生，比如村民海选，因为他们能够明确的感知到选择对自己利益的影响，所以，不识字的农民也可以做出明智的决定。

第二步：通过班级活动尽最大范围消除学生中的区域小团体，比如，来自同一学校、或同一班级，或狭隘的铁哥们等。培养班级精神。

第三步：带领学生认识民主的真实含义，民主并不是万能的，民主最大的意义是你得为你的选择买单。

这三步很重要，需要大概一学期的时间。

第四步：物色班长候选人，进行组阁式竞选，也就是班长在学校班干部的编制框架，联络人选，进行竞选演说，班级所有学生对两套班子进行公开投票，两个班长候选人回避，选举产生新的班干部队伍，新的班干部成员进行就职演说。

第五步：权力监督与限制，这样操作，班长在学生中的地位是相当高，同时权力也是相当大的。因此进行权力分配是必要的：班长的职责是管理好自己的班干部队伍，同时在班级的发展动向上要能够做出一定的预判，并及时报告班主任。班委的权力系统属金字塔结构。落选一方的同学做为监督一方出现，在每周的班会上对班级工作作出点评。班主任作为外来（相对于学生）的权力系统，和班委处于平行的地位，但和学生直上直下的交流，同时，重大事项（比如对同学的重大处罚、班级活动开展等）要和班委进行协商共同决定。

（一）班主任应该有一颗公仆之心

实行民主管理，班主任首先应摆正自己的位置、心态，如果班主任总是高踞于学生之上，指挥学生，命令学生，动辄呵斥学生，那就没有民主。我认为：班主任不是保姆，不是警察，也不是监工，教师的职责是教书育人，就是为学生的健康成长服务的。所以我认为班主任是园丁，是船工，是学生的良师益友，更是学生的公仆。班主任的一切工作都是为学生服务，基于此，班主任应该俯下身子甘当"牛马"为学生服务。

（二）建立融洽、信任、互助的师生关系

"亲其师，信其道"，在平常的学习、生活中，我利用各种机会，努力与学生建立一种融洽、信任、互助的师生关系。师生关系融洽了，学生学习、生活就觉得轻松愉快，班主任工作起来也感到不紧张、不吃力；师生互信，便少了猜疑、对立，少了敌对情绪，班级工作也就得心应手；师生互助，班集体就有了无穷的力量克服前进中的阻力。一位教育家曾经说过，发火、打骂学生只能说明班主任无能。在建立这种师生关系的过程中，我体会比较深的一点是：对待学生要少批评多鼓励，少呵斥多赞扬，更不能打骂体罚学生。试想：一个动辄就批评、讽刺、挖苦、打骂体罚学生的班主任怎能

与学生产生感情共鸣? 怎能建立融洽、信任、互助的师生关系?

(三)充分发挥学生的主体主人作用

班级民主管理, 班主任应该把每一个同学看成是班主任的助手, 使每个学生认识到自己是班级的代表, 是班级的主人翁, 人人都是班级的主人。班级的凝聚力增强了, 班级的管理工作就好干。学生在班集体中的主人翁作用发挥得越充分, 对班集体就越热爱越关心。

如何发挥学生的主体、主人翁作用呢? 我的做法是: 班级的人, 人人有事干, 班级的事, 事事有人干, 每个人都有各自任务。例如: 有专门负责修桌椅的; 有专门修电器的; 有专门负责浇花的……在日常班级管理活动中, 力求使每个学生对班级的各项制度、规定、活动都有表决权、建议权和批评权。例如: 学生平常身上都有零花钱, 用来买好吃的、好玩的, 既养成了坏习惯, 又浪费了父母的血汗钱。针对这种情况, 班上凌萍同学主动向我提出: 在班内建立一个小"银行", 日常的零花钱都存在小"银行"里, 用时再取。又如, 为了扩大阅读量, 开阔视野, 班长李慧敏同学提议, 班内每个同学至少贡献一本课外书, 在班内建立一个小小图书角, 然后经同学推荐, 由比较负责的杨雪同学担任图书管理员。以上两件事情, 在建立之初, 学生只是征求了我的意见, 其他都是由学生完成的, 这样班主任可以节省大量时间去研究教育教学、班级管理, 同时也培养了学生的动手实践能力。

第六章　中学班级文化活动的组织

第一节　中学班级文化活动的类型

日前,教育部决定在全国中小学开展创建和谐校园活动。创建活动的主要内容包括五个方面:

一、注重校园文化建设,提高校园文明水平

积极加强校风、教风、学风建设, 落实好《教师职业道德行为规范》、《中小学生守则》和《中(小)学生日常行为规范》等要求,提高师生的文明素质;注重开展对学生的心理疏导和教育,明显降低学生因心理问题引发的各种事故;重视校园绿化、美化和人文环境建设, 使校园处处体现教育和熏陶作用; 开展丰富多彩的校园文化活动, 形成健康向上、生动活泼的良好育人环境;根据学校历史和办学特色, 结合时代要求, 形成有特色的校园文化, 并将其作为教育师生的生动教材, 提高校园的整体文明程度。要结合实际情况经常对师生进行以爱国主义为核心的民族精神、以改革创新为核心的时代精神和社会主义荣辱观的教育, 树立正确的理想信念。

二、强化安全与健康教育,提高师生安全卫生防护能力

学校要加强对师生的法制教育、安全教育、健康教育,切实提高教育的实效性和有效性;要把安全与健康教育纳入教学内容,要有一定的课时保证,要定期开展自救自护的实际演练;使师生员工法制观念、安全防范能力、卫生保健意识、自我保护和心理调节能力得到进一步加强, 维护学校安全卫生成为师

生自觉行动。

三、完善安全卫生管理制度，建立健全安全卫生管理机构

学校要依据有关法律法规，建立健全学校安全、卫生等各项管理制度；完善突发事件处置的工作预案；落实预防安全事故、公共卫生事件措施，建立责任追究制度；建立畅通的信息传输渠道和严格的信息上报制度。学校应建立专门的安全保卫机构，配备专（兼）职保卫人员；学校要创造条件，因地制宜设置卫生（保健）室，配备专（兼）职卫生人员（保健教师）；逐步建立师生定期健康体检制度。

四、加强安全卫生设施建设，保障学校安全卫生基本条件

学校的教室、宿舍、食堂、厕所、围墙等校舍用房、构筑物和用水、用电、用气、锅炉等设施、设备要符合国家规定的标准；积极推进"改水改厕"，农村应推广以生态技术为核心的粪便无害化处理；校园及周边各类安全基础设施完备，标志清楚醒目；学校要密切配合有关部门做好定期自查、检查校舍和安全卫生设施工作，发现问题及时上报、尽快解决；城市学校和有条件的农村学校要在重点部位安装报警、视频监控设施，建成以"校园110"指挥中心为枢纽，集人防、物防和技防为一体的校园治安防控体系。

五、严防重大事故发生，提高师生安全感

门卫要切实负起责任，做好外来人员登记，学校要坚持治安巡逻，抓好校园报警点或警务室的建设，严防不法分子侵入校园；加强学校卫生防疫与食品卫生安全工作，确保师生饮食安全卫生，预防公共卫生事件发生；严格校长、教职员工的选拔和聘任制度，校长、教职员工都要符合任职资格条件和岗位要求。及时化解师生和学生间矛盾纠纷，防止恶性事件和群体性事件的发生；积极配合公安机关严厉打击侵害师生人身财产安全的违法犯罪活动，严防重大刑事案件和重大治安事故发生，使师生安全感不断增强。

一、校园内外活动

1. 校园口号、标语、宣传设计活动

在校园范围内，组织校园口号、标语等设计活动，请同学们发挥自己的想象力，为自己的学校设计一些可以体现学校精神的口号，如"今天你以来到这里学习为荣，明天我们以你为荣"、"相信我们，你一定会成功"等。为学校的一些标志性建筑，如食堂、草坪、体育馆、科技馆、教学楼等，也可以为它们设计一些励志的标语，如"节约用水"、"我很小，我怕踩"、"谁知盘中餐，粒粒皆辛苦"……通过这样的标语，可以帮助同学们树立正确的爱校观，珍惜身边的一切公物，这样才能爱护公物，将学校的一切财产都当作是自己家里的东西，时时刻刻保护这些公物。

学校标语的设计，可以使学生对自己学校的热爱程度有所提高，也可以丰富学校的文化氛围，增加学校的对外影响力。

2. 校园文艺活动

在校园内，举行丰富多彩的文艺活动，不但可以丰富学生们的业余生活，而且还可以使学生的能力得到锻炼。

学校的文艺活动可以使同学们自身存在的潜力得到最大的发挥，学生开展这些文艺之前，会认真地准备自己的节目，包括搞创作、找合作者、反复实践练习、不断地修改作品，排练和彩排等活动，在这样一个过程中，学生的心理和身体都已经得到了充分的发展，学生经过几次这样的活动以后，变成了学校的"大明星"，全班和全校的同学都会得到提高。学生通过创作作品，锻炼了写作能力；学生通过找合作者，锻炼了自己的影响力；学生在反复的实践与练习中，锻炼了导演和执导节目的能力；在修改的过程中，锻炼了学生的严谨的工作精神。学生的这些能力的提高，对于校园文艺活动的开展起到了重要的推动作用。

3、学校的海报宣传活动

学生在创作学校的宣传海报的过程中，要充分地考虑学校的实际情况和适当节日的情况，比如，在"母亲节"的时候，学生要做一个感谢母亲的宣传海报，在海报中要着重强调母亲在自己成长过程中的重要作用，母亲在学习、生活等各个方面的帮助、关心和指导，教会学生记住母亲的恩情，要善待母亲。

4、爱国主义活动

学生在爱国主义教育中最集中的表现就是唱爱国歌曲，爱国歌曲慷慨激昂、铿锵有力、富有朝气。那一首首流淌在岁月河流中的爱国歌曲，记录了中国几十年来不平凡的岁月。在歌声中培养学生的吃苦品质和爱国主义精神。让学生从歌声中明白挫折面前应坚强面对，困难面前应勇往直前，以及今天幸福生活的来之不易。

5、校园科技动漫节

让学生在日常生活过程中，充分发挥自己的聪明才智，创造一些与自己生活息息相关的设计，丰富自己的业余文化生活。如学生可以制作一些日常生活中需要的小工具、小设备、小零件等，创作一些动画、漫画，丰富自己的生活乐趣。

二、班级内部活动

我们知道，广义的活动是人的需要，人不能离开活动。人类在各类活动中满足着需要，发展着自身，社会在人类的活动中前进。每一个人通过参加各种活动满足自己的物质需要和精神需要，在活动中发展自己，同时，也影响、作用于他人和社会。人类是活动着的人类，个人是活动着的个人。我们的教育事业，是一种社会现象，是大规模的系统化的社会活动。人才的成长离不开教育者与被教育者在一定条件下所进行的各种活动。教学活动是其中的重要部分，还有其他各种各样的活动。班级活动，在全部活动中占最大的比例，因为班级是教育大系统里的最基本的单位，是学生进行各种活动的第一环境。

1、丰富多彩的班级活动促使学生提高认识能力

学生参加各种活动，从不同方面打开了视野，获得了知识。许多知识是书本上没有的。在各种活动中，学生要通过自己的感官去观察、去倾听、去感受，更要通过自己的大脑去思考。因为每一项活动都是有明确的目的的。活动为学生提供了很多的信息，这些信息经过大脑的分析、加工，就会得出新的认识。这正是活动内容"内化"了，学生的认识能力当然得到了提高；新的认识，成了学生知识结构的新的补充，增加了学生今后认识活动的基础。

2、班级活动为学生思想品德的成长提供了实践的条件和生活经验的基础

班级活动，充实了学生的生活，密切了学生与社会之间的联系，使学生更多地体验个人同他人、集体、社会的复杂关系，并在实践活动中履行所掌握的品德规范，丰富学生的精神世界，把中学生旺盛的精力、深厚的兴趣、广泛的爱好引导到健康发展的轨道。班级活动使学生学习的领域扩大了，学习机会增多了，有效地激发求知的兴趣，这对促进智能的发展有很大帮助。班级活动使学生不仅动脑动口，而且动手动脚，全身运动，身心处于紧张热烈而又轻松愉快的兴奋状态，从而有助于学生身心健康水平的提高。并可使学生受到审美教育，培养劳动观点和习惯。

3、班级活动还能够促进学生特长和能力的发展

在活动中，学生根据自己的兴趣、爱好和特长（如棋类、体育类、手工类、文艺类等），自愿去选择自己感兴趣又适合自己的活动，这样学生就可以按兴趣、爱好、特长组织在一起，共同促进，使特长和能力得到充分的发挥。班级活动有助于学生主创精神的培养。学生是班级活动的主人，有的班级活动需要由他们自己来设计、组织、管理，这些对学生独立工作能力的培养和锻炼都有积极的作用。班级活动还可以满足学生交往的需要，使他们在交往中培养起健康的、丰富的感情，学会处理各种人际

关系。

4、班集体是在班级活动中逐步形成的

不开展丰富多彩的班级活动，要建设成班集体永远不可能。班集体的奋斗目标，要通过一个又一个的活动才能实现，每一个活动，都是达到目标的班集体建设计划的一个局部，顺利地完成一项活动，就向目标跨进了一步。

每一个学生的个性发展都具有独特性、具体性，每一个学生都有自己的需要、兴趣和特长，都有自己的认知方式和学习方式，活动充分尊重学生的兴趣、爱好，为学生的自主性的充分发挥开辟了广阔的空间。让他们自己去发现问题，自己去解决，在做中学，在学中做。活动主要是实践，它没有课程标准，没有现成的、固定的模式可参考，这对于长期来依纲据本从事教学的教师来说，一切也都是新的。因此，活动成为指导老师和活动主体的学生们一起探究、成长的广阔的舞台。

古人云："弟子不必不如师，师不必贤于弟子。"在活动中，学生的潜能得到了挖掘，也许会出现某些学生的才干超过了老师，这时就要求老师能做一名虚心求教的学生。这样不仅不会降低身份，反而激发了学生的欲望，获得学生的信任。教师要与学生在活动中共同成长，必须做到：

(1) 在活动中与学生共同学习

作为指导老师，必须帮助学生出谋策划，协助学生进行研究，就算不懂的也要学。无形中促使老师不断充实自己各方面的知识，拓展自己的视野。同时在与学生共同研究的过程中，对学生各方面的能力有了一个全新的认识，对他们的个性有了更清楚的了解，对于今后的课堂教学更加有针对性。可以说，活动不但提高了教师和学生的能力，对其他学科教学也具有很大的促进作用。

(2) 在活动中与学生共同感受

学生虽然以学校生活、家庭生活为主，尚未走入社会，然而与社会联系藕断丝

连，况且知识与社会的联系也是千丝万缕的。积极开发利用自然性资源来引导学生热爱学习，充分利用开发社会性资源来引导学生学习，积极开发利用人文性资源来引导学生学习，鼓励学生走出教堂，深入社会，做些调查研究，适当接触社会，学以致用地解决一些实践问题，往往更利于开掘学生综合能力，激发求知欲望。

活动源于开放的社会生活。生活中的一切都可成为教学活动的内容后，这就使得课堂具有广阔的空间。大自然大社会都是活的教材，都是将教育活动向大自然社会延伸，面向学生的生活世界和社会实践，设计实施活动课程，开展研究性学习、社区服务、公益活动、社会实践和劳动技术教育。帮助学生确定活动项目，制订活动计划，落实活动事项，参与活动并启发学生体验自己的生活感受。学生在开放、多维、丰富的社会生活环境中，在参观、考察、调查、实验、探究等一系列活动中，接触、感受和体验真实的社会生活，在融入社会、探究自然的同时，参与社会生活的创造，培养实践意识，形成实践能力。教师适时指导、点拨学生，就会使学生在开放的活动中慢慢地成长起来，在体验中感悟，在生活中提高。

(3) 在活动中与学生共同提升

教育必须基于学生的生活世界，关照学生的生活，重视学生已有的经验，要改革学习方式，激活学生的学习过程，将书本知识与学生的生活世界沟通，与学生的成长沟通，与知识的发现、发展过程沟通，使知识内容和学习过程充满鲜活的色彩与生动的生命色彩。所以，教师在活动中要做好情景的创设，课程资源的提供和学习方法的指导。

有人说，教育如同春风化雨，滋润、唤醒了沉睡的生命。美感教育就是使人"乐"的教育。当人们"乐在其中"的时候，陶陶然，融融然，转移了自己的心理气质，改变了自己的精神面貌；当人们处于快乐状态的时候，他们的身心是自由的，他们能够自由地发挥他们的才能，因而，他们就成了全面发展的人，成为身心健康的完美的人。活动课给教师、学生提供了一个尽情展现才能的舞台。在参加活动过程中，学生们学到了许多课本中学不到的知识，培养了方方面面的技能、能力，可以说是收获甚大。在这里，教师学生是平等的，教学相长；在这里，教师和学生是快乐的、自信的，因为他们都是活动中的主人。在这里，师生共同成长，共同进步。

三、工作型活动

工作型的阶段性活动，指全校每个班级在学期不同阶段都必须完成的班级活动。例如：学期初班级计划的制订，学期结束时先进人物的评选，等等。

(一) 班级评比活动

1、加强领导，健全机制

为了使学生的日常行为教育经常化、制度化、规范化、科学化，逐步养成良好的日常行为习惯，促其健康成长，扎实推进校园文化建设，学区成立了督导评估小组，整体规划，制订方案。各校成立相应的督导检评小组，认真学习《方案》，全面部署，分工协作，责任到人，积极开展"红旗班级"评比活动。

2、强化意识，营造氛围

各校都能充分利用集会、晨会、班队活动、红领巾广播站、板报、讲座等形式，宣传争创"红旗班级"活动的目的和意义，使之时时刻刻影响着师生在校的一言一行，同时，各校十分注重改善校园文化氛围，优化校园育人环境，在校园文化建设上做一件，成一件，收效一件，努力做到校园无闲处，处处有教育，使学生在良好环境的熏陶中学习成长。

3、坚持督导，抓出实效

在实施争创红旗班级工作中，学区督导组重视引导，严格要求，认真检查，树立典型，使活动有标准、有组织、有计划、有措施、有检评、有公布、有总结。在活动中也使学生从被动到主动，从不自觉到自觉，从"要我做"到"我要做"。

从学期初始，各校通过对班级的卫生、两操、纪律等方面进行量化评比，开展班级竞赛, 已取得了初步的成效, 在推进活动进程中, 学区督导组先后四次抽查了四所中心学校, 对照各校平时的评比情况, 认为都能达到奖优促差的效果, 都能做到每日一公布, 每周一小结, 每月一表彰。

通过检查、反馈、总结, 学区督导组及时总结经验, 结合"五自能力"养成要求, 在全学区制定开展"遵守纪律我能行, 爱护公物我能行, 护眼健体我能行, 学习知识我能行, 帮助同学我能行, 清洁卫生我能行"等"我能行"系列活动, 同时还根据基层学校的反馈意见, 及时修订了奖惩办法。

(1) 学区将"红旗班级"检评结果作为评估学校、教师的重要内容之一, 作为教师评优评先、评选先进班级、文明班级等的重要依据。

(2) 把检评结果纳入教师目标管理考评。

(二) 明确班级目标, 实现个人价值观

班级的核心价值是指班级文化的核心和灵魂。我认为,它主要是指班级成员认同的价值观念、价值判断和价值取向、道德标准、行为方式等, 是班级文化建设的深层次要求。我在班级核心价值的建设中特别注重培养班级的凝聚力和集体荣誉感, 培养学生如何做人, 以及培养学生积极创新的精神。

1、培养班级的凝聚力和集体荣誉感

苏霍姆林斯基说过:"集体是教育的工具"。班级的核心价值是班主任和各任课老师在长期的教育实践中积淀起来的, 是反映全班学生的价值并被全体师生认同的群体意识和精神力量, 它是班级管理和建设良好班风的内驱力和核心, 是班级文化的灵魂, 它是一股强大的无形力量, 会对每一个学生的个体发展起着巨大的潜移默化的教育、激励和制约作用。

班级核心价值的培养一般要经过这么一个过程:

首先班主任在一开始接受一个班级时就要通盘考虑, 在充分调查的基础上, 掌

握本班学生的共性和主要习惯、性格、能力、觉悟等特征，建立学生的个人档案，并有针对性地提出管理要求和班风建设的主要方向（如班级的班规、班训），使班级精神体现全班成员的共识；其次，要有强有力的班干部队伍，使他们在各种制度执行的过程中能起先锋和表率作用；再次要根据班级特点，概括出班级精神的特色，找到一个突破口，确定一个主攻点，比如针对我班学生借口功课多，出现大量抄袭作业的现象，可以创建"不抄袭作业"，考试作弊情况严重，提出"求真务实，诚信考试"等，并有阶段性地提出更高水平的半期和学期目标。

当目标提出之后还必须得到学生的认同，内化为他们行动的动力。这时，应充分发挥班主任和班干部及积极学生的示范引导作用，使多数同学在教师和班级骨干身体力行的带动下，认真积极地履行职责，使部分较落后的学生也能做到"依从"。接着，班主任再做耐心细致的思想教育工作，骨干的队伍就能从少数扩大到多数，从多数发展到全体，逐步使班级精神内化为每个成员的品质和人格，成为前进的精神动力。

人是因为有了共同的奋斗目标才走到一起，并组成一个集体的。一旦班级精神确立、深入人心，班内每个成员都能有较高的自律要求、自我教育要求和自我控制能力，大家具有共同的目标、情感、意志，那么班集体建设的目标也就基本达到了。

2、开展丰富多彩的活动是班级凝聚力形成的主要形式

通过组织开展各种内容广泛、形式多样的活动，参与竞争，提高学生思想修养，培养他们的学习习惯和学习兴趣，促进学生的自主参与，促进学生之间彼此尊重理解和相互协作，增进彼此友谊，进而升华为集体感情。

一般来说，现在最能调动学生们情感的就是大型体育竞赛活动，那就是校运会了，A班有56人（女生36人，男生20人），总体上缺乏体育人才。针对班级的特殊情况，于是班主任要求学生本着锻炼、超越自我的精神，充分挖掘班级每一成员的潜力，调动全班的积极

因素,组成了"竞赛组"、"后勤服务组"、"宣传报道组"、"啦啦队",提出尽力取得好成绩,但一定要取得精神文明奖的目标。运动会过程中,每一个运动员比赛前后都有周到的服务,无论胜者还是败者归来都有热烈的掌声,特别在宣传报道方面成绩突出,经过全班同学齐心协力,A班取得全校团体总分第七的好成绩,并获得了体育道德风尚奖。积极组织学生参加学校开展的各项文体活动,如艺术节、体育节、科技节以及各种设计、表演、演讲大赛、卡拉OK比赛等活动。在各类活动中我都要求大家尽自己所能,提出目标,不断超越提高自我,同时为班级争取荣誉。这些活动增进了同学之间的友谊,为形成班级凝聚力搭建了桥梁,又使学生心情愉悦,对班级产生了自豪感、责任感和集体荣誉感。

3、培养学生以人为本、诚信待人

教育的根本功能是促进人的成长和全面发展,只有培养学生的品德与修养,激发他们的梦想与激情,才是教育的成就。让学生对班级有一种融合的感情归属,注重学生责任感的培养。常言道"亲其师而信其道",言传身教就是一种很好的教育方式。在"言传"中应用各种形式来教育学生学会关心他人,而关心他人可以从关心自己的父母开始,结合母亲节活动,让学生为母亲做些力所能及的小事,给母亲一句问候,送一束鲜花,并开展以母亲节活动的主题班会,通过此活动,使学生学会了去关心身边的人,关心班级,关心集体,关心学校,进而关心国家的强盛和民族的兴旺,关心人类的前途命运,关心我们赖以生存的地球上的环境污染、生态平衡、能源危机等问题。把学生真正培养成有开放头脑、宽阔的视野、博大胸襟、平衡的心态、高远的志向,富有责任感的新一代。"身教",古人云:"其身正,不令而行,其身不正,虽令不从。"班主任是学生的楷模,言谈举止对学生具有很大的感染力。

建设班级核心价值时还要注重诚信教育。当今社会上许许多多弄虚作假的现象无不影响着学生的心灵。我要求学生观看中央电视台"每周质检报告"栏目并结合学生自身了解的违背"诚信"经营行为的事例进行讨论,并由此延伸到对校园、班级的有违"诚信"的行为进行批判，引导学生说老实话、办老实事、做老实人，强化"诚信光荣，不诚信可耻"的道德观念，形成诚信者人人夸，不诚信者遭鄙视甚至受惩罚的班级道德氛围，使学生们学习一些关于诚信的知识，引起学生对诚信问题的关注。倡导人人都需要诚信，如"诚信中国"、"诚信扬州"、"诚信考场"，并让学生签署了考试诚信承诺书。诚信教育的有效性在于榜样作用，班主任的行为就是学生最重要的榜样之一，所以我在班级管理中决不会因为考虑班级可以获得高的考评分数而掩盖班级问题。坚持不懈的进行诚信教育，这是教育"使人成其为人"的本质与真谛。

4、培养学生的创新精神

"创新是一个民族进步的灵魂，是一个国家兴旺发达的不竭动力。"创新是新时代的主旋律，而创新人才的培养又取决于创新教育。发掘学生的创造潜能，培养创新型人才呢，班级管理是一个非常重要的方面。首先重视学生个性的健康发展，注重发展学生的兴趣爱好，从而最大限度地开发学生的创造力。"每一个学生都是一个珍贵的生命，每一个学生都是一幅生动的画卷"，关注学生成长与发展的每一点进步，帮助学生发现自己、肯定自己。

以丰富多彩的活动来培养学生的创造能力，定期召开主题班会，结合学校开展的各种活动和竞赛，为每一个学生提供思考、创造、表现及成功的机会，从而发展学生个性及特长。

A班涌现出许多优秀的可塑人才，具有主持人风格的陈珊同学，有绘画天赋的周媛、陈省吾等同学，有表演才能的钱则杰同学，有演讲风范的彭春彬同学，有组织领导者风范的刘莹莹同学等等。在班级管理中我不再做"班妈妈"或"保姆"，而是放心大胆地让学生去做，去尝试，解放学生的双手，解放学生的大脑，帮助学生学会观察、学会思考、学会生存。其次有意识地在班级管理中引进激励机制，充分激发学生的竞争活力。重视每位学生的进步，善于发现学生的长项，抓住每一个教育良机，适时表扬、鼓励，体贴后进生，培养他们的自信心、自尊心、自强心，建立学生综合评估档案，使学生感受到平等、民主的气氛。经过近一年的师生间的共同努力，A班形成了良好的班风、班貌。

(三) 班级活动的成功特点

1、班级活动要有目的性

开展班级活动的根本目的是为了更好地育人，好的班级活动能触动学生的灵魂，在活动中能引起学生的共鸣，从而达到净化学生心灵，教育学生的目的。

2、班级活动要有教育性

班级活动的教育意义是多方面的，它可以是提高学生思想道德水平的，可以是开发智力的，可以是增强审美情趣的，也可以是强身健体等。

3、班级活动要具备多样性

首先是活动内容的多样性。开展班级活动要根据学生的年龄特点，并兼顾学生的心理特点，使活动既有教育性，又有趣味性。

其次是活动形式多样化。班级活动要以丰富多彩、生动活泼的形式赢得学生的欢迎，调动学生参与活动、接受教育的积极性，让大家在歌声中、笑声中陶冶情操，提高认识，让所有参加活动的学生都能在体验快乐的同时，解决班级发生的种种问题，使他们更加热爱班集体，关心班集体。

再者，活动的组织方式也应多样化。除了集体活动，还可以是小组活动总之，要兼顾学生的兴趣、爱好、发展需要，让活动更有实效性。

4、班级活动要充分发挥学生主体性

班级活动的真正主人是学生，它要求所有学生都要参与，所以老师要把活动的主动权交给学生，最大限度地调动学生的积极性，充分发挥学生的主观能动性，使学生从活动中体验到活动的意义。

5、班级活动要充分发挥教师的主导作用

在组织开展班级活动中，班主任应该作为班级的一员积极、坦诚地参与到活动中，把自己的真情实感融入到活动中，从而发挥教师的宏观调控能力，并适时地对学生加以指导，以体现教师在班级活动中所特有的主导作用。

6、班级活动的安全性

班级活动前的安全教育必不可少，只有全体学生都平平安安，才算得上一次成功的班级活动，所以，在班级活动过程中要加强对学生的安全教育，树立"安全第一"的思想观念。

7、班级活动之后要做好小结工作

这个小结可以是班主任总结，也可发动学生自己总结，肯定成绩，找出不足，以利于以后活动的开展。

第二节　鼓励学生积极参加校园内部活动

一、参加校内各种比赛

（一）学生自主学习的现状

目前，中学生对教学的参与和拥有自主学习的机会的现状并不令人满意。当前的教学过程大多数依然是围绕着课堂、教师、书本。老师也是使教学内容详尽周到，生怕遗漏一个环节，包办了学生的独立思考和钻研，而学生一旦遇到不清楚的地方便依赖于老师的解决。学生从小接受这样的教育方式，并且适应了这样的教育模式，使得学生很少有自主的"愿望"与"空间"，学习也就变成了被动的学习。

(二) 学生自主学习能力培养的意义

自主学习,要切实让每一个学生成为学习的主体,养成良好的主动学习的习惯,使学生不仅在课内学得主动,而且在离开教师、离开教材、离开课堂的情况下,也能主动探究学习。自主学习能力则是指学生在学习活动中表现出来的一种综合能力。具备这种能力的人具有强烈的求知欲,能够合理地安排自己的学习活动,具有刻苦钻研精神,并且能够对自己的学习效果进行科学的评价。有了一定的自主学习的能力,学生就不再是被动接受知识的机器,而是能用科学的方法主动探求知识、敢于质疑问题、个性充分发展的学习的主人。

(三) 自主学习能力培养在竞赛教学过程中的实践

教师在培养学生时,不仅要教他们发现问题,而且要引导他们自行解决问题。

1、明确竞赛的知识体系

明确了学习的知识体系,同学们就有了明确的学习目标,同时也明白学习过程是一个循序渐进的学习过程,不可能一蹴而就。学习上遇到困难,寻找方法,努力克服;有了一些成就,也不沾沾自喜。

在培养学生自学能力时,老师尽可能减少包办,给学生更为广阔的发展空间,适当的"揠苗助长"有时是极为必要的。提出更高的要求,老师与同学一起进行探讨,共同进步,寻找资料进行了解研究,通过不断地培养和强化,学生的自主学习能力是可以得到极大提高的,这时他获取知识的能力将会成倍增长,因此高中学生通过引导能看懂大学教材也就不足为奇了。

2、培养学生看书的能力

古人云"读书百遍,其义自见"、"熟读唐诗三百首,不会做诗也会吟"。多看多写,其义自见,所以班主任在教学初期就应尝试对学生看书能力的培养。

中学生看书的能力需要在课堂上培养吗? 回答是肯定的。学会看书是自主学习的第一步。

(1) 看书的过程

学会看目录。目录具有检索功能，能帮助学生更快地找到知识点所在的章节和页码。

一遍，不知所云；两遍，能抓住重点；三遍，结合例题重点理解；四遍，把内容重新理解……。培养学生对课本的钻研精神，对课本的理解能力，同时在看书的过程中注重了耐心和毅力的培养，遇到不懂的地方不轻言放弃。

(2) 采取的方式

一开始，在课堂上预留一些时间，让学生仔细看书，等学生尝到了预习的好处，再逐步缩短预留看书的时间，等到第七八次后，学生们会主动提出直接开始上课的要求，原来看书预习已成习惯，学习效率较以前大大提高了。

(3) 对课堂教学的帮助

读书分为初读和精读两个阶段。预习就像初读，大致把知识点了解大概，精读就像老师的进一步讲解。有了预习的基础，老师就更容易的把理解的难点分散，指点出具体的方法步骤，学生就可以基本上学懂了；关键之处，老师再来个画龙点睛，学生就能学得更深入。知识犹如树上的葡萄，老师不一定要摘给学生，给学生一根竹竿或者一架梯子，学生便可以自己摘到葡萄。

(四) 让学生摸着石头过河

给学生多提供思考的机会，让学生真正参与到学习过程中去，从牵着学生一步一步地过河，到让学生们摸着石头过河。可以放手让学生根据已有的知识试做例题，结果可能会达到意想不到的效果，教师可以适时地引导学生进行比较、归纳、总结，让学生理掌握题的基本方法。这样一种"先试后导"、"先练后讲"的尝试教学，为学生创新思维的开发创造了一个良好的课堂环境。在试做的过程中，也培养了学生的自主学习能力。

例如：在学习高精度除法的时候，我并没有告诉学生高精度除法的算法过程，而采取了先让学生根据除法的规则试做高精度数除以低精度数。在试做过程中，学生完全有能力自己探索出高精度数除以低精度数的算法，进而有学生提出高精度数除以高精度数该如何做呢，在解决这个问题的时候，学生遇到了困难，因为除数是高精度数的话，不能用传统的除法规则来做，这就需要用另一种变通的方法来解决这个问题，于是，他们搜索以前学过的知识，在看到高精度减法的时候，他们立刻有了答案，是否可以设置一个循环，让被除数一直去减除数呢，能够减几次不就是商吗，因为高精度减法是学过的，所以这一方法应该是可行的。有了想法，同学们就赶紧纷纷实践。通过努力，最终同学们都编出了自己的高精度除法程序。结果表明，在老师的指引下，让学生自主进行探索，他们会在不知不觉中掌握知识的要点，并且深深地印入自己的脑海中。

可以肯定地说，让学生摸着石头过河可能在短期内会碰到障碍，而一旦突破障碍，他们的收获将是惊人的，他们在探索过程中会体验到极大的快乐。另外，能够放手让学生摸着石头过河，并不是放任学生，而是对学生的一种了解、信任。在竞赛培训过程中，教师对每个学生都要有充分地了解，进而敢于放手，长此以往，学生的能力将会得到长足的发展。

（五）创造平台，让学生在交流中提高

实践证明，许多问题的解绝不是一个人闭门造车的结果，最佳答案都是经过集体讨论和交流得到的。在自主学习过程中，每当学生遇到一个难题或新题，教师要组织号召其他同学予以支援和帮助，共同研究讨论、共同克服困难。通过互联网络，学生还可以和其他学校的老师、同学实现超越时空的交流。这种友好、和谐、平等的学习环境，打破了传统的教学模式，不仅提高了学生的学习兴趣，开发了他们的智力，还大大增强了学生集体主义思想和团队意识。

1、利用教室多媒体系统进行交流

在做一道题的时候,首先让每个学生按自己的想法去试做,做完后进行交流,对于完成的同学利用教室多媒体系统展示自己的程序,并说出自己的想法及思路,好的思路和想法很快就会扩散,这样也增强了这个学生的成就感;有的学生虽然程序错了,但还是愿意来展示,让其他同学帮助他找错误。这样就达到了师生互动,人机互动,生生互动的目的。

2、安排高年级同学与低年级同学进行交流

因为高年级的同学有知识的优势,学习的经验,更有前一届竞赛的体验,他们的学习体会与经验对下一届学生来说是相当有用的,这样提供平台让他们进行交流,可以达到事半功倍的效果。

3、提供网络平台,让学生进行跨时空的交流

网络可以传递信息,共享资源,更可以拓展视野,交流经验,充分利用好网络这个平台,会使我们的竞赛辅导工作更添色彩。在信息学奥赛辅导过程中,我尝试让学生注册了一个信息学在线评测系统,在这个系统中只要针对某道题把自己解答的程序输入,几秒钟后,系统自动会把测试结果反馈出来,对于每一个测试数据都会给出错误,超时或溢出的提示,更好的是它在每道题后面都提供一个讨论的模块,在这个讨论的模块里,有着全国各地的高手对于这道题的解答或思路,对于不解的地方,亦可以进行求助及询问。在这样的网络环境中,学生的交流达到了一个很高的层次。利用这样的网络平台,更有利于使研究兴趣相近的学生自愿协作学习,共同的兴趣会提高他们协作学习的效益,大大提高学习质量。

合作交流是自主学习的一种很好形式。从实践中可以看出,有些学生刚开始由于对自己没信心而羞于交流,而后在老师的鼓励下尝试进行互相探讨,他们会突然发现三个人的脑子比一个人的脑子更好用,以前自己多封闭,况且一起讨论研究比独自思

考有趣多了，从而他们开始乐于交流了，于是经常与其他同学共同探讨，形成一种良好的积极向上的氛围，这也正是我们每个辅导老师所希望看到的。总之，合作交流有利于培养学生良好的思维能力和积极的个性心理品质。在合作交流过程中，往往能使学生多思维、多实践、多表达，更多地体验成功的喜悦。因此，教学中应重视培养学生合作交流的意识，提供一切让学生相互合作，相互交流的机会，促使他们不断地自由参与，主动探知，相互学习，取长补短，最终达到共同提高的目的。

(六) 关注自主学习评价，给予学生自评权利

自我评价是指学生依据一定的标准，对自己的学习进行观察、分析和判断，并据此改进学习的计划，对自身的学习进行自我监控和调节，以促进学习的发展。在自我评价中，要强调反思的作用，而自我监控是行动中的反思，它能使学生根据自己独立的观察、思考和判断而自发地发生改变，改进自己的学习，真正做到自己正确掌握学习方法，主导学习进程。

自主学习的评价应该多元化，评价的内容要丰富，如认知方面的、能力方面的、情感方面的、兴趣爱好方面的、特长方面的、技巧方面的、创新意识方面的、合作精神方面的等等。评价标准除了一些客观性的答案可以用唯一标准外，多数标准应是多角度、多层次的，不应该是同化的、一刀切的。这样的评价内容和标准才有利于学生个性化的自主学习。

通过一些导向性问题的评价，让学生找到自己的薄弱环节或调整学习方法。可以说，评价是蕴含在教师的引导和学生自主学习的活动之中，具有明确的目标导向性、情绪激发性、情感沟通性和认知鉴定性。学生在自主学习活动中通过评价不断充实自己、激励自己、实现自我、调控自我，从这一意义上讲，学生自主学习活动可以靠评价来推动和实现。让学生在自主学习过程中不失时机地进行有效合理的自我评价可以是今后我在辅导过程中重点尝试的方法。

二、参加校外各种竞赛

学校和班主任教师要积极鼓励和支持学生参加校外社会教育机关组织的活动。因为这些活动可以适应学生的各种需要，丰富学生的精神生活，并有利于提高教育教学效果。我们知道，如果只是要求学生单纯地学好教师在课堂上所讲的内容，不给他们创造发挥特长及满足他们兴趣爱好的环境。学生不但知识面狭窄，而且他们的智力和能力，特别是创造能力是不会得到进一步发展和培养的。这也就不利于人才的培养，而社会教育活动则弥补了这一不足。那些在课堂内不可能得到充分展露的学生个人禀赋、兴趣、爱好、特长等，在课外、校外的社会教育活动的广阔天地里，从多方面得到了培养和发展。对学生的培养要做到因材施教，很明显，社会教育活动的作用，正是进一步弥补和填充了教师从事专门或单一课堂教学工作的不足。

据有关材料表明，我国许多专门人才，在少年时期都曾经是学校或少年宫、少年之家的兴趣小组成员。少年的兴趣爱好和定向培养，为他们后来成长为专业人才打下了良好的基础。校外教育工作的开展使学生们获得了丰富多彩的课外知识。因此要鼓励并支持学生去科技站、体育馆、阅览室、图书馆等地方发挥自己的特长，丰富自己的大脑，补充课堂内所学知识的不足。从学生参加校外教育机关中的一项活动——即定期到少年图书馆、阅览室活动的情况方面来谈。学生可以通过阅读课外书籍开阔视野，从中学到很多文化科学知识。随着读书范围的扩大，可以使他们更多地了解社会生活，受到多方面的启发和教育，从而补充了课内所学知识的不足。通过课外书籍的阅读还可以培养学生阅读的习惯和兴趣，提高分析问题和解决问题的能力。使他们的思想方法受到一定程度的训练，有助于进一步学习。

社会教育机关组织的广泛的专门性和综合性的教育活动，能为优等生和才智出众的学生提供展现他们才能的机会，使我们便于及早发现并及时培养人才。特别是科学技术飞速发展的今天，对于培养具有创造才能、开拓型的人才来说，有着特别的、深远的重要意义。同时，这些教育活动的开展，也对一些后进的学生起到了由落后转向先进的作用，是后进生尽快转变的重要途径之一。

A老师曾经教过的学生中，有一个是留级下来的，他的学业成绩不仅很差，还经常打架、逃学，给其他犯错误的同学出坏主意，使他们与老师产生对立情绪。虽然对这个学生进行了很多方面的教育，但转变不大。放假前，我介绍他和另外几名学生去参与少年之家的航模小组活动，飞机为什么会上天？客机和战斗机有什么区别？直升机和喷气式飞机的动力推进有什么不同等一连串的问题，既新奇又有趣味，像磁石一样吸引住了他由于兴趣发生了变化，思想行为也发生了转变。经过老师的引导，又使他把对科技的兴趣转移到了学习上来，终于由后进变成了先进。后来被评为三好学生，加入了共青团。可见，校外教育是因材施教，为四化培养各种人才的有效途径之一。为此，班主任应像我国教育家杨贤江同志所说的那样："我们应该真正努力的，倒反在从事课外活动，因为这足以弥补学校教育之不足，足以完成教育之使命。"

第三节　班主任工作型活动的设计

一、学期初工作计划的制订

(一)"他山之石，可以攻玉"

要做好班主任工作，就得多学习借鉴别人的经验，在实践中不断地完善工作方法，并且不断完善班级管理制度。在班主任工作上，我的经验还很不够。所以，遇到自己不容易解决的问题时，我会虚心地求教其他的班主任，借鉴别人的做法，收集一些对人生、对学习会有所启发的文章，能丰富我们的思想，能帮助我们在向学生说明某个问题时有理有据，令学生信服。还有经常阅读一些指导班主任工作的书籍，例如《班主任之友手册》等书籍，而且将其中一些能指导自己工作的方法加以实践。这些理论和经验对班主任工作帮助极大。

(二) 教育培养班干部

班主任对班干部,不能只是下命令,还应该进行教育和培养。

在上课和班级活动中,在其他任课老师的推荐中,A老师注意发现哪些同学比较大胆,比较有能力,在此后平时的很多活动或事情都让学生自己主持。比如每周班会先由学生干部自己总结班级的情况,在有些需要注意的问题上由干部来提醒,在需要讨论的问题上由班干部来点评同学发言,然后由我总结。A老师经常教育他们树立为集体服务的光荣感和责任感,要求他们努力学习、团结同学、以身作则,鼓励他们既要大胆工作,又要严格要求,注意工作方法。当然,选出的干部毕竟不是完人,因此对他们不能过分苛求、指责,特别是在工作出现失误的时候,要善于引导他们。

(三) 做好学生思想工作

想让学生切实按照老师的要求做,就必须首先在思想上让他们想通,思想工作做好了,其他问题也就迎刃而解了。思想教育是非常重要的。在这方面,我主要有以下一些做法:

1、在班会课上对全班进行思想教育和寓教于乐式管理

现阶段的大部分学生感到学习是不快乐的或对学习没兴趣,根据此情况A老师对本学期的班会进行调整,现在的班会通常先由班干部总结现阶段班里的情况,然后是A老师做总结并以多种形式进行教育。最后尽可能地做一些寓教于乐的活动,在活动中鼓励学生在不影响集体的情况下充分展现自己的潜力与能力,以达到让同学们感受到在集体生活、学习是快乐的,淡忘学习是痛苦的,并找到自己应有的位置。

2、做好个别同学的思想工作

学生到学校读书,一方面是学习文化知识,另一方面是学习做人的道理。对于一些思

想上有波动、情绪不稳定、学习上有疑惑或者其他方面需要老师来开导的学生，老师要耐心地、有针对性地给予帮助与引导。对于那些比较调皮、经常犯错的学生而言，有些道理他们不是不懂，而是不愿意去想，忘记了去做，而且每一次犯错后总是能给自己找很多的借口，对待这样的学生，老师必须一次一次地耐心地找学生谈心，做他们的思想工作。次数多了，老师不免有厌烦情绪和"恨铁不成钢"的失望，这时，老师要控制自己的情绪，尽量不要对学生大发脾气，有力度的批评是需要的，但还是尽量以思想教育为主，更不要辱骂。当某些很让A老师生气的事发生后，A老师我采取冷静法，先不找学生谈话，等自己冷静下来重新调整思路后，用另一种方式再找学生谈。这时心平气和，思路清晰，谈话往往能达到很好的效果。

(四) 协调好与科任老师、家长的关系

班主任只凭自己的威信和力量是不可能取得教育成功的，必须力争本班科任老师和家长对学生有一致的要求和态度，并时常同他们交换意见，这样才能促进整个班级的进步。在这一点上，B老师经常利用在休息室或聚在一起吃饭的机会和科任老师进行交流，整体情况如何？哪些学生进步了，退步了？哪些学生违反纪律？有什么见解和看法？发现问题和情况B老师也灵活处理，让学生意识到这些问题的重要性；由于B老师学校和家长的局限性，开家长会不大现实，所以老师平时和家长联系只能通过电话或路上碰面。每次B老师争取用较短的时间让对方家长了解自己的孩子最近的情况，并希望他们能够也加强家庭教育管理，一起努力把孩子培养好。特别是后进生，更是与其家长联系频繁，希望他们能够有所改善，不管是在学习上还是在思想上。

二、期末班级"风云人物"评比活动

班级是学校组织的基本单位，是学生学习和生活的主要场所。班级管理的成功与否，在一定程度上决定着学校教育的成功与否。

这其中，班主任的管理起着至关重要的作用。班主任能否在把握时代的脉搏，结合本班的学情基础上，准确抓住本班管理工作的侧重点，采取适当的方法，开展有效地教育活动，决定着学生能否健康快乐的成长。

随着社会的发展，人们的物质生活越来越充实。大多数孩子都生活在条件相对优越的经济环境中，没有危机感，也没有了奋发向上的动力。而"6+1"的家庭人员组成的格局，使得孩子更容易在精神上、心理上形成以自我为中心的意识形态。这种对自身优势地位的错误认同，使得孩子们的主动性和竞争意识越发地消沉了。面对这样的教育对象，被教育群体，很多时候并不是班主任在进行管理时，开展的活动不够科学，使用的方法不够先进，而是由于学生个体的主观意识形成的"自我封闭"，屏蔽了外来的信息，阻隔了师生间的交流与沟通。教师的所作所为，甚至所想，都不能引起学生的注意。任你活动多精彩，形式多新奇，失去了"桥梁"，便永远达不到教育的目标。基于这样的分析和认识，班主任须不断地思考、实践。诸如如何优化班级评比机制以此激发学生的自主竞争意识，如何有效开展班级管理工作以促进学生全面健康成长等问题。

下面介绍一个笔者设计的"班级风云人物"评选活动方案：

(一) 评选活动的理念

既然是"风云人物"，必然要求参评学生具有道德、学习、身体、审美、劳动技术等几个方面的过人之处，要使班级大多数同学都能认可，并与全班同学具有情感上的共鸣，并且在精神层面上有所升华。

全班通过评比活动，使全体同学在各个方面得到快速的发展，并在对被参选同学的感动中成长，班级在感动中进步。通过评比活动，发现风云人物、传播其使人感动的精神、体验该生所体现出的各种精神，从而为全班同学在形成崇尚先进、学习先进、争当先进良好班级风气时提供榜样，使全班同学学有榜样，赶有目标，营造催人奋进的班级精神氛围。经过班委会的研究决定，在全班开展"期末班级风云人物"评选活动。

(二) 活动的主题

发现班级中的各方面的人才，以期达到在各个方面为全班同学提供榜样作用，为班级良好班风的形成创造条件。

(三) 本次活动的时间范围

本学期的倒数第四周，利用三天时间完成评选工作，然后由"风云人物"带动班级同学的学习和生活。

(四) 参加评选人员

本班的全体学生

(五) 参评条件

德智体美劳全面发展，并在文明礼仪、助人为乐、诚实守信、见义勇为、拾金不昧、勤奋好学、自尊自强、社会服务、勇于创新、孝敬父母等某一方面有突出表现和先进事迹的优秀学生。

(1) 面对自身家庭背景和实际身心发展条件，面对各种打击和挫折，不甘消沉、自暴自弃，能够以巨大的勇气接受生命的挑战，自强自立，运用坚强的意志在逆境中飞扬，在逆境中创造奇迹；

(2) 敢为人先，积极上进，率直健康，爱好广泛，有一定特长，积极参加各项学生活动，有其独特的人格魅力或精神品质，能够用自己的健康阳光的性格感染周围同学；

(3) 尊敬师长，孝敬父母，在对长辈的孝敬方面有突出表现；不计个人所得，尽己所能付出爱心，关注并帮助弱势群体，拾金不昧，见义智为，积极参与组织各种爱心捐助、扶贫救困等公益活动；

(4) 关心他人、关爱集体，在日常生活、学习、工作中默默奉献；有良好的行为习惯，遵守社会公德和社会公共秩序，受到同学公认和好评；

(5) 品学兼优、全面发展、勤奋好学、刻苦钻研，有较强的实践能力，在同学中能够起到很好的模范带动作用；

(6) 热心集体活动、公益活动、社会实践和志愿者活动，在各项活动中表现出良好的组织协调能力，受到师生广泛的赞誉；

(7) 在日常生活学习中，其诚信，责任心和正义品质有突出的表现。

(六) 推荐办法

(1) 由各小组举行个人自荐或小组长组织推荐,各小组推荐 1 名学生为"班级风云人物"，再由班委会审核。

(2) 经过班委会的审核，推选 2 - 3 名候选人，由全班投票选举产生"班级风云人物"。

(七) 评选程序

第一阶段：组织准备阶段：本学期第15周周末之前，由班主任组织召开主题班会，由班会确定评选活动的实施方案，并经全班举手表决通过。

第二阶段：候选人报名阶段：本学期第十六周周初，由班委会组织同学们参加"风云人物"报名工作，在工作中初选候选人。

第三阶段：小组推荐阶段：本学期第十六周周三时，报名同学递交相关材料，小组内审核，并确定各组候选人。

第四阶段：候选人资格审核阶段：由班委会审核结束后，推选2-3名候选人。

第五阶段：选举与表彰阶段：经过全班同学的投票，确定最终"班级风云人物"人选，宣传其光荣事迹。

第六阶段："班级风云人物"人选参与班级期末复习工作，指导大家的学习工作，并参与班级管理工作一年。

（八）奖项设置

活动中所设置的奖励包括：1、"班级风云人物"获奖证书；2、"班级风云人物"奖杯一个；3、"班级风云人物"参与班级管理聘书一个。

第七章　班级制度

第一节　班级考勤制度

乌海六中的经验：

为保障学校教育教学活动有序开展，营造学生学习、成长的优良环境，学校将加强学生出勤管理。经研究，特规定如下：

一、考勤范围

学生上课（包括晚自习）、社会实践活动、住校生的晚寝以及学校、班级、班级组织（经学校批准的）的各种活动，都纳入考勤范围。

二、管理要求

（一）加强学生出勤管理，认真填写《班级日志》

1. 学生上课、晚自习和各种活动出勤，由班主任负责。班级值日生每节课前对班级学生出勤情况进行检查登记，请假的学生应有班主任批准的书面请假条，如有无故缺席者立即报告班主任，班主任在第一时间与其家长取得联系，了解相关情况，同时做好记录。班主任若发现异常情况应立即报告德育处或保卫科。

2. 住校生午休期间，由宿舍管理员负责，班主任配合管理。午间严格按照《午间静校制度的规定》执行，全体住校生放学30分钟后，不准出校门。在此期间，确需出校的，事前必须向宿舍管理人员或班主任书面请假。此段时间的管理，班主任可指定住校的值日班干部负责，值日班干部若发现异常情况应立即向班主任或宿舍管理人员报告。

3. 住校生晚寝期间，由宿舍管理人员负责。严格按照《学生住宿生管理规定》执行，若发现异常情况应立即与班主任及家长联系。凡夜不归宿者第一次给予留校察看处分，第二次者劝退。

4. 课堂出勤管理：

(1)每一个课堂，由课代表和科任教师负责学生的上课出勤考核工作。

(2)课代表应详细记录每一次上课的出勤情况，迟到、旷课、请假、早退的学生按要求做标注，并将学生的出勤情况及时报班主任老师。

(3)任课教师应对不按规定上课的学生及时进行批评教育，并严格依据学校的规定对缺课学生的平时成绩及参加期末考试的资格做出判定，缺课三分之一者不能参加该门课期末考试。

(二) 严格执行请假审批制度

1. 学生必须按学校规定时间到学校正常上学，不迟到，不早退，不旷课。

2. 学生因病因事不能按时上学，必须严格履行请假手续。学生如因病因事等原因无法上课(包括晚自习)或上课期间需离校，事前应向班主任请假，请假必须有书面请假条(请假条要写明请假事由、去向、联系人、联系电话、请假时间)，经班主任批准并签名方可生效，班主任要留存原始假条并和家长联系通报情况，最好让学生家长到校接走学生，以免中途学生发生意外伤害事故。

3. 学生因病因事请假的，请假条上必须由家长签字。请假三天以内由班主任核实批准；请假一周以内由班主任核实，年级主任批准；请假一周以上由班主任核实上报，教务处批准。

4. 学生因病因事请假不能按时到校，必须由家长来校或打电话请假，假满后，带回有家长签字的请假条；学生在上课期间因病因事请假回家，班主任须主动与家长联系了解情况，若发现异常情况立即报告保卫科或德育处。如学生撒谎，一经发现记大过处分并停课一周。

5. 租住在校外的学生，家长要承担起监护人的作用，真正关心、管理好自己的孩子。如房子居住不安全或不利于学习、生活，建议家长换居住地。班主任老师要经常到学生租住地了解情况，详细登记地址、房东联系电话等，要求房东督促学生按时上学、放学，排查安全隐患，防患于未然，并做好记录并通报家长。

6. 住校生在校期间（除统一规定时间外）一律不准出校门，有事请假并按时返校。住校生因病因事需请假回家，请假条必须由班主任签字，学生离校前，班主任应与家长取得联系，向其说明情况，并做好记录。

7. 班级学生因不明原因不在校，班主任应在第一时间联系家长，了解情况，同时把处理情况做好记录。若情况异常应立即向保卫科或德育处汇报。

8. 如果班级学生离家出走，无论什么原因，班主任都要及时向保卫科或德育处汇报，并主动调查该学生有关情况，协助家长寻找学生，将相关情况做好记录。

9. 班主任要对经常缺勤的学生加强教育并联系家长；对无故缺席且屡教不改的学生及时上报学校，严格按照《违纪学生的处理规定》处理。

第二节　班级环境管理制度

一、班级环境文化建设的阶段性和目标性

学生进入初中后，在智能、生理、认知、意志、情感、情商、记忆等各方面都快速地发生着变化，班主任一定要与时俱进地用健康积极的文化引导本班学生的成长。因此，在三年的初中生活当中，班主任要不断地完善班级环境文化建设，而且这种环境建设工作决不能墨守成规、循规蹈矩，而是应该走可持续发展的工作方向。

笔者认为班主任在班级环境文化建设中至少应该分三步走，而其中的任何一个步骤的实施都要具有明确的目标性，而这个目标必须是可行且必要的。首先，在初中

一年级的时候,由于学生刚刚从小学来到这个班级,生理和心理等方面都需要一个适应期,所以在这个阶段,班主任要及时指导学生转变心理倾向,学会适应新的生活,在班级布置方面要仍要注重具体形象的内容的摆放,使学生迅速转变心态,适应新环境。其次,进入初二,由于学生的家庭背景、性别、居住环境(城市和农村)、身体和心理等多个方面的差异性和不同特点,加之学生进入身体和心理第二特征的高度发展高峰期,因此会在各个方面表现出自身的所谓"与众不同",班主任在班级环境文化建设中侧重学生的文化素养、文化积淀。由于有的学生逻辑思维能力较强,班主任可以让他们去开展一些科学的试验和小物品的发明;有的学生善于辩证地看待问题,班主任可以让他们去钻研一些社会存在的问题,培养他们运用马克思主义观点去发现问题、解决问题。同时,由于初二这个阶段的重要性,班主任要鼓励学生多多涉猎知识,做到全面发展,巩固已经学过的知识。最后,初中三年级,人生的一个重要转折点,中考成为学生主要奋斗目标,此时的班主任要帮助学生稳定心态,在班级尽量创建一个轻松、舒适的文化环境,使学生在这样的环境中提高学习效率,尽快提高成绩,文化环境建设中注重培养学生勇于迎接挑战的品格,让学生知道,只要自己努力过,即使不成功,也不能气馁,把失败看作是人生的宝贵的精神财富和积淀。

二、班级环境文化建设可利用的资源范围

班级环境主要是教室,我们要充分利用好教室的每一处地方。一般来讲,教室有四面墙、地面和空间我们是可以利用的。苏霍姆林斯基说:要使教室的每面墙壁说话,是教室的每一个角落都渗透着积极向上的文化气息,无形中就一定会影响着学生的价值观,起着润物细无声的效果。教室的墙壁是班级环境文化的承载主体,我在教室的正面墙壁(即黑板的两侧)左边悬挂命名为"温故知新"的作业公布小黑板,右边张贴班级制度栏、班级信息栏和考勤表,正前方的黑板也是可以利用的,我在黑板的左边绘制清洁卫生、值日生、请假情况的表格,在黑板的右边绘制课程安排表格,这让同学们能一目了然;教室背面的墙壁上设置了学习园地、光荣榜、精彩瞬间

等板块,黑板报主要承办学校德育处的主题板报,黑板报上沿则是班训标语。教室左侧的窗户中间挂着学生的书画作品,右侧墙壁分别设有"胸怀祖国""放眼世界"的两幅新版地图,中间则是学生的书法作品,装裱得古色古香,外表美观大方,内容积极健康。

教室的地面也是班级环境文化的重要方面,整洁是班级文化、学生习惯的一个最好的展示平台。

教室空间资源的优化和利用能丰富班级文化。我在教室的后边设置一个书架,由学生自己创建一个班级图书馆,倡导同学们在课余多读书、读好书,并且定期开展读书心得交流会,向全班同学推荐近期阅读的书籍,并将这本书放在班级的图书馆的书架上,由班级图书管理员管理,给大家一个海量阅读的机会。在教室前边的电视一角设置一个报刊架,命名为"世界之窗",随时更新报刊杂志,让同学们了解时事,关心时事,家事国事事事关心。同学们的课桌不仅要摆放整齐,而其桌子上的书籍资料都要摆放得整齐有序,让整体效果美观,这样不仅能起到调节学生学习心情的作用,而且能提高学习的效率。

三、班级环境文化建设的操作过程要坚持学生主体地位和决策民主化

每一个新学年度的开始都应该确立这一年的教育目标,这也需要在班级环境文化中体现出来,所以,应该重新建设班级环境文化。班级环境文化的建设不应该全是班主任来做的事情,而应该发挥学生的主体作用,充分利用学生的智慧,这也能体现学生的自我价值,同时还能达到学生自我管理的目的。

群众中蕴含着无穷的智慧,我在每一学年的班级环境文化建设过程中都是充分挖掘学生的智慧,如,我首先公示我们班级环境文化建设的主题,然后在全班征集方案和具体的素材,在一个星期内就会有很多有价值的设计方案和素材集中起来,学生的积极性都很高,因为这既是对班集体做贡献,又是个人风采的最好展示机会。在众多的方案和素材中需要进行遴选,这一过程也不能班主任武断地做决策,而应该

由全班或班委进行民主决策选取，但是班主任要保证形式的多样化和审核素材的价值，如对班训、班级公约的把关。最后组建建设执行小组，由他们具体完成布置操作过程。

四、班级环境文化的维护和贯彻

班级环境文化也不是一建设完成就能起到陶冶学生情操、规范中学生行为、凝聚班级力量、调节学生矛盾及情绪的功能，这需要对班级环境文化的维护、完善、贯彻和强化，这样才能将物质的文化环境内化为同学们的集体意识，然后才能转变为一种力量，外化为同学们的行为。

班级环境的建设完成后会因为某些原因而遭到损坏，这就需要我们同学自觉的爱护，及时的修补能使教室环境历久弥新。学校的德育教育是发展着的，班级环境建设也应该适时变化和完善，如：运动会之前，我就在教室里张贴了"运动员招募启示""志愿者招募启示"，在运动会结束后，我在精彩瞬间栏中增加了运动会中的照片；在全球倡导"地球一小时"的活动时，我在信息栏中增加了"关于宣传熄灯一小时，践行低碳生活的倡议书"；每隔一段时间让同学们开展"漂书"活动，以丰富班级图书馆，每天更换新报刊，关心时事，如，日本特大地震海啸后引导学生正确认识这一人类的灾难，设立为地震海啸中受灾人民祈福的爱心墙等。

班级环境文化的建设完成还需要班主任在日常的管理中进行强化，把班级环境的文化内涵运用到日常的管理中，使自己的理念与文化内涵一致。

五、班级软环境应与班级硬环境协调发展

对于一位中学生而言，他生活的环境远不只是物质环境，更重要的还有与他一起生活的老师和同学及他们的言与行。因此构建和谐的师生关系、生生关系、师师关系也是优化班级环境的一个重要方面。

和谐的师生关系对一个班级来说，至关重要。教师严谨务实的教风，平易近人的态度，深入浅出的讲授，真诚无私的关爱，平等民主的相处，都会如春风化雨，在每一

个学生的心田播散下希望的种子,开出光彩夺目的花朵。同时,学生积极主动的探索,认真细致的落实,真诚文雅的合作,彬彬有礼的态度则会使师生关系和睦融洽。

学生的主要活动空间和时间在班级,学生彼此之间的关系会对他们时时刻刻有影响。每一个学生都会受益于一个团结互助,真诚相待,合作上进的班级环境。学生的规范意识,诚信谦和,乐于服务,共享责任则会使学生与学生之间的关系真诚纯净和睦向上。

在目前校园压力过大,充满竞争的环境下,教师之间的合作并不容易。真诚协作应是主旋律。当然,这和对教师的评价体制有关。

班级环境文化建设对中学生的成长有着不可替代的教育意义,它需要我们用真情、真心和智慧去发现,去挖掘。作为班主任,必须在班级环境文化建设上注重细节,进行大胆的探索,不断创新,才能适应现代教育的发展。

第三节 班会制度

班会是贯彻落实学校德育工作的一个重要途径和手段,制定班会制度也是一项极为重要的工作。

[案例现场]

1、主题班会课的教育目的:

(1) 根据《中学生德育大纲》要求和学校德育工作计划,紧密围绕学校各个时期的中心工作和学生思想、学习、生活的实际,从学生的心理和思想发展需要出发,针对学生中一些倾向性、共性问题,确定班会课的主题。做到每次主题班会能集中培养学生的一种品德、宣传一个观点、歌颂一种精神、明确一个道理、讨论并解决一个问题等。

(2) 班会课的主题要鲜明、贴切,富有教育性、启发性和艺术性,用较强的感染力来吸引学生，以达到引导学生积极向上的教育目的。

2、主题班会课的内容和形式：

主题班会课的内容和形式可以多样，可以为：报告、演讲、讨论、辩论、法制、时事政治学习、学习经验交流、知识抢答、才艺展示等。也可以利用课余时间参加社会实践活动，学雷锋做好事，然后组织学生进行评议或写下心得、调查报告，再集体讨论等。只要是结合本班实际，能对学生和班集体起到一定的教育意义的各种教育活动，都可以作为主题班会课的内容和形式。

3、主题班会课的种类：

(1) 节日性主题。指按照一年的时令、节日和纪念日来选定的主题。例如：雷锋纪念日、"五四"运动、"七一"建党、"八一"建军节、"一二·九"运动、植树节、清明节、端午节、中秋节、教师节、国庆节、重阳节等。

(2) 问题性主题。针对学生中普遍存在的共同性问题或学生在思想、学习、生活中出现的偶发事件而设计的教育性较强的主题。学生在思想、学习、生活、成长的过程中，不可避免地会出现各种各样的问题，如不懂得珍惜时间、珍惜人生、不会抓紧时间学习，不懂得人生的真正价值，不懂得什么是幸福，不会处理人际关系以及个人与集体、个人与社会的关系等。针对这些问题来确定主题，来开展教育活动。

(3) 模拟性主题。根据社会和班集体在一定时期的教育要求，以模仿某种具体的生活情景为主题，旨在组织学生扮演生活中的角色，让他们身临其境地感受到生活的丰富多彩和绚丽多姿，从中接受感染、启迪、教育。如现场招聘会、记者招待会、新闻发布会、模拟法庭等。引导学生深入观察、体验、分析社会生活。

(4) 知识性主题。寓教育于文化科学知识的学习之中，用知识来充实活动，使学生既能受到深刻的教育，又可以获得一定的知识，如以"学习秘方"、"我喜欢的一本书"、"祖国之最"、"家乡巨变""民族团结"等五大主题的演讲或知识竞赛活动，既丰富了学生的知识，又能使学生从中受到感染和教育。

（5）系列性主题。围绕一个总的教育主题而设计的多层次、多侧面的相互关联的分主题系列，给学生以多样的、系统的、持续的、全面的教育和影响。

（6）时事性主题。针对国际国内出现的最新热点话题或重大事件而设计的主题，加强爱国主义教育，提升学生的历史责任感和使命感。

4、主题班会课的具体要求：

（1）针对学校政教处工作计划以及本班实际，每学期指定初主题班会的实施计划，并在班主任工作手册上及时填写，德育处按时检查评定，每班每学期主题班会观摩课至少一节，并纳入班主任工作考核之中。

（2）将全校优秀主题班会课推荐到上级部门参加评选和展示。

（3）每学期把主题班会观摩课的教案（电子稿详案）交政教处汇总并编订成册，以供今后班主任和老师们学习、参考、研究之用。

5、认真做好主题班会课的课前准备：

（1）班主任要深入调查研究，把握学生的思想、学习、生活及成长状况，使班会课做到有的放矢，能达到预期的效果，切不可形式过分单一或娱乐性过重而冲淡主题。

（2）班主任对班会课主题所需要的理论、事例、数据等要有充分的准备，对班会课的程序、形式要精心设计，并认真设计好班会课教案。

（3）课前要认真发动和组织班团干部和学生，做好各项准备工作，使全体学生明确班会课的主题、目的、意义，并积极参与主题班会课的活动中去，从内心深处来调动学生的积极性、主动性和创造性。

6、严密组织、合理安排、力求高效：

（1）活动形式应生动活泼、富有新意和教育意义。要把思想性、知识性、趣味性、娱乐性等有机地结合起来。

(2) 充分发挥学生的积极性、发挥学生的主体作用。主持人引言要善于激发学生的思维和情感而引起共鸣，调动所有的学生参与到活动中，并适时、恰当地进行点评和鼓励，保持课堂氛围热烈活跃。

(3) 整个主题班会课的程序和环节安排应科学、合理，人员分工恰当，时间掌握到位。

(4) 充分体现班主任的主导作用，发挥全体任课老师的示范作用，适当考虑家长参与进来。班主任和任课老师的发言，观点要鲜明正确，分析要有理有据，深入浅出，说服力强，引导学生提高认识并转化为实际的行动。同时也可以利用自身的特长优势，适时参与到学生的活动之中，以沟通感情，增进师生之间的友谊。

一、班级例会概述

(一) 班级例会的概念和特点

班级例会是班会的一种形式，是指班级定期举行的以对学生进行常规教育为主的班级学生会议。班级例会具有实效性和灵活性的特点。

班级例会的主要目的是使学生通过接受常规教育，做到自觉遵守学生守则，自觉维护集体荣誉，以保证班级正常秩序和学生健康成长。班级例会常常是针对班级工作的具体问题而开展的，一般要求在较短的时间内产生教育效果，因此班级例会具有较强的实效性。

班级例会的灵活性主要表现在具体安排上。班级例会应按学期进行统筹安排，但每次班会的具体内容和形式应根据变化着的班级情况做具体安排。学校常规教育以及与之有关的班集体和班级成员中存在的问题，或班级人员在学习、工作、生活、劳动、健康等方面共同关心的问题，以及偶发事件的处理，都可以作为班级例会的内容。

(二) 班级例会的形式和内容

1、班级例会的形式

班级例会就其基本形式而言，有晨会、周会、民主生活会和班务会四种。就其具体形式而言，则可以有举办讲座、学习有关材料、组织经验介绍和思想汇报、讨论中心工作等多种形式。关于班级例会的基本形式，在后文中我们将分别论述。在这里，我们仅就其具体形式做一介绍。对班级例会的多种具体形式，我们可以在一次班级例会中综合采用，也可以辅以相适应的文艺活动。如在初中一年级学生进行《中学生守则》的教育，如果仅用宣讲的形式恐怕收效不大。若采用下述方式，就可能提高效果。

同时把《中学生守则》和《小学生守则》发给学生，让学生鉴别《中学生守则》较之《小学生守则》在哪些方面提出了更高的要求，接着组织学生讨论，让学生用讲故事的方式，谈对《中学生守则》条文的理解，激发学生做合格中学生的愿望。

在这个基础上，确定扼要概括《中学生守则》10条的精神实质，介绍根据《中学生守则》10条确定的学校日常学习和生活的具体规定，并对学生提出适当要求。

这样的班级例会，富于启发性，能够吸引学生，使学生切实受到教育，积极主动地考虑并实践行为规范，而不是消极对待和被动地适应这些规定。

内容决定形式，形式服务于内容。为了争取好的教育效果，班主任应选用适合内容的形式。例如召开以批评和自我批评为中心内容的班会，就应当采用比较严肃的形式；表彰先进以及宣传教育这样一些正面教育的内容，则可采用生动活泼、使学生感兴趣的形式。

2、班级例会的内容

班级例会大致可包括三大方面内容：

(1) 班集体建设

宣传学校各项规章制度和纪律(包括课堂纪律、课间要求、考勤制度、考试纪律、寝室规则等),教育学生严格遵守;引导学生分析研究班集体中的问题,提出巩固和发展班集体的措施;引导学生讨论集体工作任务,不断提出新的奋斗目标;选举班干部,审议班级工作计划,总结班级工作,确定与班集体建设有关的具体内容。

(2) 学生行为指导

宣传"学生守则",检查"学生守则"的执行情况,表彰先进,批评错误言行;帮助学生分析和总结自己的情况,提高他们自我道德评价的能力和刻苦锻炼自己的毅力,帮助他们巩固优良行为和不断克服不良行为。

(3) 其他

组织讨论班级成员共同关心的问题;定期的时事教育;处理偶发事件。

二、周会

周会的概念周会是在学校每周一中午读报讲评时间,由全校统一部署,各班主任负责组织对学生进行思想品德教育的一种形式。

(一) 周会的主要内容

周会除进行思想品德理论教育外,还包括总结上周学生思想品德表现的状况,表扬好人好事,指出存在的问题;宣布上周本班的全校纪律、卫生、三操等单项竞赛或检查的经过;提出本周思想品德教育、纪律、卫生等方面的要求等。

(二) 周会的形式

在实践中,周会主要采取下面几种形式:

(1) 辨是非周会

这种周会主要在小学生中开展。在辨是非周会上,教师根据本周内学生的思想和实际表现,把出现的好人好事和不良行为混合编号,用事先准备好的小黑板向全班公布,让学生结合《小学生守则》和《小学生日常行为规范》逐一分析。主动发言,明辨是非,进行自我教育。

（2）讲故事周会

教师在上一周做出部署，告诉学生准备讲哪一方面的故事，学生自由去搜集：可以讲书中的故事，可以讲身边发生的真人真事，也可以由教师讲有趣的故事。

（3）学习名人名言周会

许多革命领袖、英雄人物、科学家、文学艺术家、实业家等的著名言论对学生都有深刻的教育意义。师生围绕同一主题，共同搜集，一起分析，让学生抄录下来，使他们在受教育的同时，也为写作积累资料。

（4）文艺演出周会

师生共同演唱歌曲，演奏乐曲，或表演其他类型的小节目。这种形式可活跃周会气氛。

（5）新闻发布周会

教师从报纸或广播中摘录一周来国内外重要消息向学生公布，使学生从小就养成关心国家大事的习惯。

（三）周会的基本要求

周会的基本要求是宣传党和政府的有关政策，以"爱祖国、爱人民、爱劳动、爱科学、爱社会主义"为基本内容的社会公德教育和有关的社会常识教育，着重教育学生心中有他人，心中有人民，心中有祖国，从小培养学生初步养成良好的道德品质和文明习惯行为。宣传党的方针、政策、纲领。其中初中阶段进行道德、民主和法制、纪律、社会生活和社会发展规律以及社会主义建设常识教育，使学生逐步养成爱国主义、社会主义、人道主义的道德品质和高尚的审美情趣，了解和遵守社会主义民主、社会主义法制和民主集中制的原则，树立遵守纪律的观念，对我国的实际情况和发展方向有一个初步的认识，树立对社会的责任感。使学生正确认识人生的意义以及个人和社会、权利和义务、理想和现实等的相互关系，初步学会运用马克思主义的观点、方法分析和观察社会现象,逐步树立为建设高度民主、文明的社会主义现代化国家和实现共产主义事业而奋斗的远大理想。

(四) 组织周会的具体做法

(1) 在召开周会前做好充分准备,主要是使讲话内容实事求是。一周的学生思想品德状况要有记录,做到有案可查。在班级建立班务日记,好人好事登记簿,以利于及时查考。周会前应有与班干部的碰头会,及时了解一些尚未发现的情况和问题,以便提出相应的对策。指出问题要尖锐,批评同学要慎重。宣布上周单项竞赛成绩和检查的结果时要指出取得成绩的原因和扣分的原因及责任者,提出本周相应的措施和要求。

(2) 事先明确分工。纪律、卫生、文体各部门都要有专人负责、专人总结分析。

(3) 周会可以由班主任主持,也可以由班干部轮流总结。

(4) 周会后要依靠班干部及有关教师,结合日常教育和教学工作具体落实,并进行必要的监督检查。

(5) 每次周会内容应有记录。

三、民主生活会

民主生活会是针对班集体内出现的某种错误倾向而召开的以批评和自我批评为主的班级例会。

(一) 民主生活会的形式

民主生活会一般有两种:一是班委会里的民主生活会,二是班级全体同学参加的民主生活会。

1、班委民主生活会

班委民主生活会的主要目的是针对班干部内部的一些不良作风开展批评和自我批评。学生的独立自我人格尚需不断完善。作为班干部,他们在德智体美劳各方面虽比一般学生更具有发展性、进步性,但他们毕竟属于学生中的一员,自我控制能力还不强,而班主任和一般同学对班干部的期望值往往过高。他们开展工作时,难免遇上这样或那样的困难，还可能对班级工作和班集体建设产生不利的影响，并在心理上产生委屈、悲观，甚至强烈的抵触情绪。作为班主任，如果处理这类问题方式简单、粗暴，极易引起当事人和其他班干部的不满，影响到班级工作的开展。这时，班主任最好的方法就是召开班委民主生活会。

召开班委民主生活会，班主任首先要全面调查研究，了解问题产生的前因后果，找到产生问题的症结所在，然后再对症下药。

其次，要了解班干部的心理。作为一个班干部，要协助老师，要统领同学，要在众人面前讲话，要独立思考解决一些问题，要处理各种矛盾，要学会协调人际关系。他们会因地位、角色、位置的变化，产生自傲情绪。在有了新的责任、新的权利、新的义务后，碰壁次数多了，烦恼也增多了，矛盾的心理也更复杂成熟了。应从爱护的角度出发，从关心学生成长的角度出发，来对待他们在工作中的缺点错误。

再次，班主任在民主生活会上要以身作则，带头进行批评和自我批评，使班干部看到民主生活会的目的不是为了整某个人，而是为了把今后的工作做得更好。这样，大家才会心情舒畅，畅所欲言，认真反省工作中的缺点和失误。通过批评和自我批评达到团结的目的，既不挫伤班干部的自尊心，又圆满地解决了问题。

2、班级民主生活会

班级民主生活会主要是针对全体同学思想上或行动上出现的某种错误行为或倾向而召开的班会。坚持表扬与批评，对形成正确的班集体舆论具有重大作用。为此，班主任要注意经常表扬好人好事，坚持原则，维护正确的东西。同时要利用班级民主生活会，批评错误的思想行为和倾向，抵制歪风邪气，形成人人要求进步，争做好事的班风，把舆论引向正确的方向。

(二) 民主生活会的组织

民主生活会的组织，一般有四个环节：

(1) 找准焦点，确定重心。召开民主生活会一定要先找到问题和焦点，树立批评的靶子. 对错误倾向或思想的产生根源、有何危害、有哪几种行为、如何处理都应了然于胸。

(2) 充分准备, 寻求配合。在举行班级民主生活会前, 应做好充分的准备工作。如果是班干部和班级同学之间的矛盾, 更应先做好班干部的思想工作。可先召开班委会民主生活会, 以求得思想上的一致。这样, 在班干部带头批评和自我批评的推动下, 班级的民主生活会便会水到渠成, 取得好的效果。

(3) 交代目的, 实施活动。在民主生活会上, 班主任一定要讲清召开民主生活会的必要性和目的性, 消除学生的抵触情绪。

(4) 及时总结, 巩固成果。会后应把会议的计划、过程、解决问题的方法, 收到的效果, 作全面细致的总结, 为今后开展工作和防止类似错误倾向提供经验教训和借鉴。最好是形成较详尽的书面材料存留下来。

四、主题班会的基本形式

1. 专题讲座

在组织某一专题活动中, 可邀请有关人员, 如劳动模范、战斗英雄、优秀教师等, 给学生作系统讲解、现身说法, 使事迹、理论知识与学生生活现实更贴近。围绕一个时期的主题, 用讲座这种有效形式配合其他活动。如请本地执法人员作法制知识介绍, 掀起学法、懂法热潮; 中等师范学校学生实习前听优秀教师谈教学心得体会; 迎接香港回归活动, 利用香港百年知识讲座让学生更多地了解香港。

讲座是一种比较严肃的主题班会形式, 主要特点是向学生正面灌输正确思想或介绍某方面的知识。围绕一个主题, 可有计划地安排几次专题讲座。讲座的选题要针对学生思想实际。主讲人可由班主任自己担任, 也可请学校有关领导、科任教师担任, 还可邀请校外的人士担任, 或者推选学生担任。这种形式常在某个主题教育开始时使用。

2. 主题报告会

目的是围绕某个主题, 解决一个问题。根据不同的内容, 可邀请各方面的人作报告。如讲传统，可请革命前辈；讲治学，可请专家、学者；讲纪律，可请解放军；讲爱国，可以请归侨，等等。主题报告会主要为配合主题教育进行，也可根据学生的需要安排。如澳门回归前后，可举办"澳门问题"报告会，申奥成功后可举办"奥运历史"报告会。

3、座谈会

围绕社会热点、学生关注的问题，与毕业生座谈在校学习前后感受，与任课教师座谈如何提高学习效率，与家长坐在一起说说心里话，消除隔阂等。这种方式的主题活动，气氛自由、民主，利于发挥学生主动性，自己寻找问题的答案。是交流思想的一种方式。在和谐的气氛中，学生容易袒露思想，发表对问题的看法与大家交流，提出尚未解决的疑惑与同学研讨。通过交流，学生能够相互启发。座谈会需有明确的主题。根据不同的主题还可邀请有关名师或校外人士参加。

4、讨论会

是发挥集体的力量对学生进行教育的极好形式。提出讨论的问题要集中，一定要是学生中的典型思想问题，特别是多数学生认识模糊或认识不统一的问题。其目的在于统一认识。一时不能统一时不可急于作结论，可指导学生经过学习，继续展开讨论，直至趋于统一。

5、纪念会

主题教育与纪念日的纪念内容相合时，可结合各种纪念日开展活动。例如"五四"运动纪念会，可以对学生进行"继承青年运动的光荣传统，做时代先锋"的教育。

6、知识竞赛

为了促使学生对某方面知识的学习，可举办各种知识竞赛。如为了使学生了解祖国，可以举办"我爱中华"知识竞赛；为了帮助学生了解党的光荣历史，可以举办"党在我心中"知识竞赛；为了帮助学生立志成才，可以举办"探寻科学家的足迹"的知识竞赛。

7、展览会

让学生自己收集实物、图片、报刊文摘等材料,自己办展览。展览内容要适用于教育主题。如进行爱国主义教育,可相继举办"伟大的中华,壮丽的山河——我国名胜古迹展览"、"伟大祖国在前进——我国科技成就展览"、"我爱中华,献身四化——祖国各条战线的优秀青年事迹展览"。

8、影、视、剧评

是配合主题教育的一种班会形式。应配合教育主题,组织学生观看教育意义深刻的影视剧,看后组织学生评论。

9、参观

如:可配合爱国主义教育参观文化古迹;配合"社会主义祖国在前进"的教育,参观某个现代化工程。各科展览如能配合教育主题,都可以组织参观。参观主要是给学生一些感性认识,教育目的的实现,还需要通过参观后的座谈或写成书面体会加以落实。

10、社会调查

走出课堂,到广阔的社会生活中,到广大群众中去了解采访新人新事,能帮助学生开阔眼界,澄清一些糊涂认识。进行社会调查要组织好,不能"放鸭子"。要根据调查目的事先帮助学生拟好调查提纲,联系好调查单位和对象,调查结束后应指导学生写出调查报告,组织好主题班会的交流。

11、化妆

这种班会是学生十分乐于参加的。化妆与否,化妆面多大,要根据主题需要。常采用的有全体化妆的"理想晚会";也有个别主持人化妆的"知识老人"、"时间老人"或"春姑娘"的主题班会;还有在主题班会中以化妆表演做"插曲"的,如"人生观"问题讨论会中"张海迪"坐着轮椅"赶"来参加,作即席讲演;又如"向科学高峰攀登"的主题班会,不速之客"祖冲之"光临发言,都属于这种形式。

12、音乐会

是主题教育的一种辅助方式。如配合理想教育可组织不同志愿的学生唱自己的"理想的歌";可以配合爱国主义教育举办《黄河大合唱》赏析会;配合传统教育组织"革命历史歌曲大联唱"等。

13、文艺演出

可围绕一个主题组织文艺演出。节目要求形式多样(诗、歌、舞、曲艺、话剧均可),最好能自编自演。

14、演讲会

演讲会是在一个主题教育结束时组织的带有总结性质的主题班会。演讲会要求广大同学都作认真准备,积极参加。特别是要注意安排一些在教育活动中认识提高较快的同学参加演讲,因为他们的演讲一般能联系个人实际,表露真情实感。

其他还有辩论会、汇报会等形式。可根据主题教育的需要选择使用。在一次班会中可以选用一种形式,也可以安排多种形式。

五、安排、组织主题班会的原则

1、序列性原则

按照德育大纲的要求,分年级由浅入深依次排列逐步展开。

2、针对性原则

主题活动要从各级年学生的实际情况出发,符合学生年龄的特点,着重解决某一方面的问题。

3、教育性原则

主题活动要纳入年级教育计划,具有明显的教育意义。

4、时代性原则

主题活动要从现实生活出发，富有鲜明的时代气息，反映时代脉搏和时代的精神。

5、自主性原则

主题活动的主体是学生，班主任只是"参谋"，因此，要发挥学生的积极性和创造性，做到全班人人关心，人人动手，共同设计。

6、趣味性原则

主题活动应做到内容丰富，形式新颖，生动活泼，引人入胜。

7、实效性原则

主题活动要切实解决学生的一些问题，使学生有所收益，有所进步。

当班主任按照上面的七项原则安排和组织主题班会时，就可以做到：主题鲜明突出，针对性强，有吸引力；内容丰富，形式多样，生动活泼，学生喜闻乐见；充分调动学生参与的积极性；有效实现对学生的思想品德教育，并能充分发挥学生的兴趣爱好与特长，增进其智慧、才干。

第八章 虚拟中学班级文化

第一节 虚拟环境创造现实文化建设

在现实的社会中,中学的班级文化既包括现实的文化环境,也包括虚拟的文化环境,下面引用一个远程教育虚拟环境的例子,借以说明班级虚拟文化的建设。

一、建立虚拟校园文化的思路和措施

现代远程教育的特点决定了其校园文化建设与传统教育相比较具有自身独特鲜明的文化特质。网络是校园文化的基础,必须充分发挥现代远程教育技术优势,构建以虚拟空间为主的校园文化,将现代远程开放办学的理念渗透到虚拟校园空间,营造良好、健康、积极向上的虚拟校园文化氛围,构建全方位、立体化的学员交流、沟通的网络文化环境,开展一系列独具特色的教学、学习交流活动,并且与校园文化相互融合,使学员浸润必要的校园文化精神,把学员培养成全面的人,具有丰富人文素养的人。

(一)创建虚拟校园环境,营造虚拟校园文化氛围

苏霍姆林斯基说过:"对周围世界的美感能陶冶学生的情操,使他们变得高尚文雅。"一个良好的校园文化氛围则有利于学生的学习和发展,有利于学生素质的培养和提高。虽然这种影响是间接的,但是,力量是巨大的。因此,充分利用远程教育资源的虚拟性,给教师和学生创设一种虚拟的生活和学习情景,让学生在这种虚拟的生活和学习情景中去感受我们所提倡的校园文化,并在这种校园文化气氛中受到熏陶和感化。虚拟校园环境在总体规划布局上,应尽量真实再现校园物质环境,以虚拟三维

形式真实体现物质校园风貌，赋予虚拟校园以更多的文化色彩，以图、文、音、视等多种形式展现虚拟校园全貌，使虚拟校园空间具有亲和力和吸引力，使学生学习生活的虚拟空间具备真实感，在内容上，应在虚拟校园体现学校现代远程教育的办学理念、人才培养目标、校规、校训，展示现代远程教育的成就和文化积淀，营造一个校园物质和精神环境再现的虚拟校园。

在功能版块设置上，既要体现教学功能，如教学管理信息、校园新闻、办公自动化、学习平台等，又要增添学生文化活动区、生活区，如校园活动室、网上图书馆、网上虚拟实验室、学生社团等，使虚拟校园不只是单纯的学习平台，在满足学生自主学习的同时，也能满足学生全面发展的多种需求，成为融学习生活于一体的完整虚拟校园环境。在这些活动区中，我们可以通过对讨论题目的确定、讨论范围的界定以及讨论的引导等多种方式来创建所需要的校园文化。对于网上协作研究性学习，我们也可以通过研究题目的确定、研究方式的选择等来建设校园文化。如，让学生对具有某种特色校园文化的学校进行研究，以此对新型的虚拟校园文化形成共同的认同。

(二) 构筑学习支持服务平台，提供广阔的交流空间

学习支持服务是现代远程教育区别于传统教育的显著特色之一，它也是承载现代远程教育校园文化建设的重要的支持和保障。远程教育平台包括资源服务系统、学习过程服务系统、技术设施支持系统、管理服务子系统。在远程教育模式中，教学资源和学习支持服务系统必不可少。教学资源不仅包括文字教材、还包括视听教材，以计算机网络与光盘为载体的网页、网络课件、CAI课件等；学习支持服务系统包括支持学员个别化学习的教学环境，有计算机网络、多媒体阅览室、网络阅览室等媒体支持的交互环境。作为管理和服务意义上的学习支持服务系统，应突破单纯的专业课程知识学习支持服务的局限，使学习支持服务不仅仅是学生获取知识技能的渠道，而更要在学习支持服务中关注对学生的人文关怀和思想教育，使学习支持服务成为学习者身心健康发展的平台，促进学习者知识进步和人格完善的全面发展。

在虚拟校园文化建设上，应充分紧紧依靠现代远程教育先进的教学支持服务平台的优势，构建学员与教师、学员与学员之间沟通交流的空间。培养学生协作学习、交流沟通的能力，克服隔离感和孤独感，使学生在心理和情感上产生一种归属感，增强凝聚力。

在这一交流空间学员在教师的帮助下认识世界、发展情感、提升能力。教育教学是师生双边交互的活动和过程，学员对教师传授的知识和施行的教化，有个接受、消化、理解和吸收的过程。在这个过程中，各个不同的个体是存在明显差异的，其结果也就决定了学员学习成效的差异，认知水平的差异，素质结构及素质水平的差异。因此，学员与老师可以随时通过《课程讨论区》、BBS或E-mail，对所涉及到的专业知识展开研究讨论和辅导答疑。学员通过对所学知识和所受教化的理解和思考，举一反三，移植嫁接，融会贯通，触类旁通，基于所学、超越所学，形成了自身新的知识和能力。另外，开辟《科技论坛》、《谈天说地》等栏目，教师可以通过这些栏目开展内容高雅、自成体系、形式新颖的若干规范化、系统化的系列讲座，满足学员全面提高自身素质的内在要求。比如艺术漫谈、国内外政治、外交局势、中国科技的发展趋势等等，学员也可以根据这些问题进行深入思考，同时可以在网上发表不同的意见和见解，引发学员对人生、对社会问题的思考，引导学员在艺术修养、审美境界等方面达到较高的层次。

开设心理咨询室，良好的心理素质是健全人格的基础之一。在教学管理中要成立心理生理健康指导中心，针对学员个性的差异建立学员个人心理健康档案，开设心理健康教育系列课程，进行各种有针对性的心理和能力训练，提供心理咨询服务以及各种宣传教育活动等，培养和塑造对社会进步、人类发展有益的具有健康人格的创新人才。

(三) 学员与学员之间的交流空间

这一交流空间内学员之间可以进行网上自我管理，建立不同以往的班级管理体制。在《班级论坛》中班长成了版主和副版主，其他班级干部则成了网上学习论坛的坛主,负责班级的网上日常的学习生活管理。在网上定期召开版主和坛主会议,学员之间主动地、大胆地彼此进行学习交流。开辟《一技之长》等一些竞赛栏目,鼓励学生结合各自的工作、生活实践开展一些比如科技奖章、科技大练兵、小发明等学习竞赛活动,激发大家的求知欲和创造欲,营造一种积极向上的竞争氛围。在《学习和生活沙龙》中学员这样就可以开展一些学习心得、英语沙龙、生活角、情感体会等方面的交流、讨论。让身处四面八方的学员彼此的思想在这里撞击、融汇、糟粕渐渐消尽,精华始终留存,最后凝聚成虚拟校园文化所特有的一种个性。

二、以丰富的文化活动提升虚拟校园文化品位

文化活动的开展必须借助一定的载体和形式,才能得以更好的传承和发扬,虚拟校园文化活动的开展,要充分发挥网络的便捷性,选准载体,精心设计活动形式,开展具有网络特色的、丰富的学生文化活动,引导学生参与学生校园文化建设。

在虚拟校园文化活动开展中,要注意活动主题的提炼,培养高雅的生活情趣,拓展学生的学习能力、思维能力,开拓学生视野,潜移默化感受文化的熏陶和教育。在充分利用网络的技术优势开展虚拟校园文化活动的同时,还应当结合现实物质校园,开展虚拟现实相结合的校园文化活动,将文化素质教育渗透到学员各种网络文化生活中。与校内大学员一起参与大学员科技文化节、"挑战杯"大学员课外科技作品竞赛、科技学术论文比赛等。并且在网站上举办一些音乐欣赏、书画、摄影作品展、戏剧节、电影节、演讲、辩论等活动,吸引在校大学员和网络学员的共同参与,使他们在不知不觉之中受到校园文化气息的熏陶。同时,充分发挥网络学习的优势,与校园内电脑爱好者进行技术交流探讨,不定期地举办一系列电脑科普知识抢答、网页设计大赛等活动,培育一部分校内外电脑高手。另外,还可以成立摄影协会、诗社、环保协会、心理健康协会等众多自发组织,使它们与校园内的各种文化活动交相辉映,共同合奏校园文化的动人篇章。

虚拟的网络校园环境、学习支持服务以及各种丰富多彩的虚拟与现实相结合的

教学、学习活动彼此融合, 相互作用, 就构成了全方位、多角度、多层次的情感、文化交流的独特的虚拟网络校园文化。在知识的交流和碰撞中, 学员每时每刻都能够感受到教师的存在, 同学的存在, 相互帮助, 相互鼓励, 感受到学校和集体的氛围, 使学员与学校之间有一种文化在传播, 真正激发出学习的主动性和创造性, 感受到现代远程教育学习的别样乐趣和无穷魅力。

博客现在已经可以说是家喻户晓了, 学生每天都在用博客进行交流, 下面介绍一所中学的实例:

(一) 构建虚拟班级, 建立班级博客, 搭建闲暇教育平台

"虚拟班级"的建设注重现实环境和虚拟空间的有效结合, 切实做到"网上问题, 现实关心; 现实问题, 网上沟通"。各班级借助各大网络建立班级博客和qq群, 成立虚拟班级, 使其成为学生不可缺少的一个班集体。

我们首先让班主任根据自己爱好选定一个博客空间作为班级博客的平台, 通过申请、注册账号, 建立属于自己班级的博客, 并进一步对博客进行修饰, 添加班级基本档案、板块设计、网站内容、特色板块等栏目。

在博客设计中, 我们重点是指导师生建立博客板块, 主要内容包括以下几个方面, 各班可以根据实际情况进行添加删减。

(1) 名师寄语——班主任或科任教师总结同学在上周的表现, 提出本周的要求和希望, 及本周的工作安排;

(2) 名生寄语——同学们表达自己的梦想, 记录自己的近期目标, 以便自我督促和接受同伴监督;

(3) 博客之星——树立学习榜样, 激励同学们上进;

(4) 学科专题——讨论学科知识, 营造学习氛围, 满足学生需求, 发挥学生个性特长;

(5) 青春驿站——登载学生的随笔、周记、作品，同学们可浏览和发表评论；

(6) 书轩文苑——展示学生多才多艺的一面，作品有摄影、书法、绘画等；

(7) 开心一刻——校园文化，放松心情，丰富生活；

(8) 班级管理——实现家校连接，进行班级管理。

(二) 共同参与，提升学生主人翁意识

我们要求各班级必须建立班级博客管理条例，认真落实班级博客建设的方针、目标及具体措施，体现民主开放式管理，平时要做好班级博客建设，尤其是维护工作。

每个班级里每周设置四名博客管理员，和班主任一起管理博客，确保每周一更新，同时将班级博客的用户名与密码向全班同学公开，每一个同学都可以参与到博客的建设中来。这样老师就能通过博客了解和处理学生当中的问题，便于开展班级管理和建设。使学生成为班级管理活动的主体，他们可以充分地发表自己的见解，进行自主教育、自我管理，这种教育是潜移默化的，这种管理使学生的自主、自律及民主参与意识大大增强。以前因为没有简捷、高效的沟通渠道，民主进程难以达到理想的境界，现在许多老师发现，班级博客是一个得心应手的班级管理平台，借助它可以有效地促进班级民主管理。

我们还规定按照实体班级值周班长的安排进行博客管理，值周班长作为每周博客的总负责人，既监督博客管理员的工作，还负责处理网络班级事务，发现问题及时向班主任汇报。这样做不仅仅要使班级博客成为班级管理的一部分，更使参与管理、维护、建设的同学，从中获得成功的喜悦。

(三) 发挥博客的读写功能，为学生提供精神食粮

班级博客，充分利用了网络资源，它的最大优势就是突破了时空的限制，为学生提供了个性化的写作空间，使学生的写作活动更突现语言文字的交际能力，使交流更实时、更频繁，也能让学生在阅览者的评语中不断改善自己的写作，并能更好激发学生的写作的

兴趣。

一是定期向学生推荐一些比较适合学生看的书和一些适合学生阅读的网站。必要时语文老师负责进行阅读指导,对学生的日常阅读提出目标要求。指导学生运用已掌握的读书方法阅读时文、美文;借助博客,让学生写出阅读的感受和体会,互相交流,从而了解学生课外阅读中所得、所悟,培养学生"不动笔墨不读书"的良好习惯。

二是我们还将本班同学,或者同龄人的优秀文章放到博客上,给其他同学以很好的导向性。看后可以自由提出建议和意见,让学生学会修改作文,还可以督促发表作文的学生将作文修改得更好。

三是在班级博客中,教师在阅读班级同学的作品后要对其作品进行及时评价(以激励为主),让学生感受成功的喜悦,充分发挥博客评价的导向功能,在评价中渗透写作方法的引导,使学生能乐于接受,潜移默化地学到习作的方法。

(四)开启家校直通车,实现良性互动,拓宽闲暇德育渠道

我们传统的家校联系方式是家校联系手册、家长学校、家访、教学开放日、开家长会等。这些做法的局限性是不能做到及时性、针对性。我们学校德育工作顺应网络化迅猛发展的趋势,及时向互联网转型。我们在班级博客平台中专门设置班级管理栏目,实行虚拟班级管理,促进了家长与学校联系,形成学校、家庭教育的合力。

1.为家长参与班级工作提供途径

为了让家长及时、全面地了解学校、班级教育目标,配合学校、班级进行教育,并充分挖掘家长的教育资源,使家长参与到学校、班级的教育活动中来。就要充分利用班级博客中的"班级管理"栏目设置了以下板块,搭起了一座"多元信息的桥梁"。

(1)在班级网页的"班级通知"上公布学校学期工作目标、计划和重点,以及学校最近的重大活动等,让家长对培养目标、学校大事等做到早知道。并发布最近学校、班级、学科正在进行和将要进行的一些主题活动,便于家长了解并做好协助工作。

（2）在"班级论坛"上开展丰富多彩的班级团队活动，进行班级文化建设和班级活动管理。并且把最近学校、班级发生的一些事情用通讯的形式，让家长大致了解孩子们在学校最近学了什么，参加了什么活动，有哪些收获等。

（3）在"学习管理"一栏中，教师可以通过网络发布学生成绩等级，以及其进步和退步情况，教师可以给每个学生写评语，学生可以对成绩自评，家长也可以写评语。还可以把各科学习的阶段性（以单元为单位）成果向家长汇报，使家长了解教学进度和教学效果。

（4）在"温馨提示"一栏中公布班主任工作计划、值日表、课程表、作息表等，让家长对班级的培养重点、课程和作息时间安排等有所了解。

（5）在"荣誉墙"一栏中，把同学们在学校里突出的表现予以及时通报表扬，弘扬他们个性中闪光的地方，并感受到成功的快乐！

（6）在"今日作业"一栏中，把每天的作业发布出来，便于家长了解孩子们的学习要求。

（7）班级网页中还有一个特别板块"我的开心事"，老师的节日和同学们的生日都可以在这里发布，自己家里、班级里的有趣的事情或者值得纪念的事情都可以写下来，让师生和家长共同分享快乐，营造班级大家庭温馨的氛围。

2.为教师与家长之间的交流创设平台

"虚拟班级"是外出打工的家长了解孩子并与老师交流的最便捷的方式。有些家长虽在本县城工作，但是经常出差在外，"虚拟班级"让家长可以及时了解孩子的情况。因此，虚拟班级已经成为我校关心留守儿童，与外出家长交流的一个重要平台。

另外，我们还把教师读到的经典教育学理论、心理学理论、自己的教学日记、对家长的忠告，以及把自己了解到的具有启发性的家庭教育故事发布在班级网页上，与家长共思，与家长共勉。教师还可以在"好书推荐"一栏中推荐一些优秀的家庭教育指导丛书，供家长参考学习。同时，家长们在网上展开积极讨论，畅所欲言，各抒己见，开诚布公地交流自己的家教经验和教训。很多家长纷纷表示：这样的讨论，不仅教育了孩子，也使自己在参与的过程中重新认识自我、提高自我，使自己尽快的走出教育的误区。

我们还适时开辟了"学生心理指导站"，由学校心理健康教育教师负责。在专栏中发表许多心理学的理论，供家长阅读、学习。同时还可以进行家教交流，谈谈在家教方面的困惑和经验，提高家长教育能力。

寒暑假以及节假日我们利用qq群进行网络家访。老师运用这些现代的方式可以快捷地与家长进行交流，了解孩子的在家学习和生活情况。

经过实践，我们发现"虚拟班级"是放飞学生心灵自由，启迪教师、家长教育智慧的有效手段，是学校育人工作和信息技术结合的一大途径。它的存在和它发挥的作用的确起到了链接学校与家庭、为孩子导航，创新闲暇教育方式，推动理想学校的建立的作用，为教育工作开辟了新的渠道，提供了新的手段。

第二节 共同创建的班级文化主页

一、班级文化主页的作用

(一) 桥梁作用

网络的重要特点之一就是互动性，如果学生的一篇文章在班级主页贴出来之后，能听到老师、同学们的意见，无疑对于文章的作者还是观看的人都得到更多的启发。因此，班主任必须要重视班级主页互动性的建设。班主任要求学生不但要浏览，还要尽可能多的发表评论；不但浏览每一篇文章，而且浏览每篇文章的评论；不但要求学生浏览主页，还要求学生和家长一起浏览主页。同时还可以开辟"班主任信箱"栏目，专门收集学生、家长的意见和建议，让学生、家长有机会和班主任老师对话，这样不但方便家长及时和学校联系，而且丰富了家长和老师的谈资；不但强化了家校合作意识, 而且增进了师生友谊, 为特色学校的可持续发展起到了良好的作用。

(二) 引导作用

班级主页既是一个舞台, 又是一面镜子, 可以让学生展示自我、认识自我。用好班级主页, 可以为学生树立榜样、激发学生的自豪感以及学习热情起到良好的效果。班主任在班级主页开设了"我们的新闻"、"月度之星"、"表扬"、"我们的文章和作品"和"我们的荣誉"等, 信息技术课上, 由班主任和信息技术老师带领学生登录查看本班主页, 当学生看到自己的照片、作品、作文等发布在主页上时, 高兴之情难以言表; 当学生看到最近主页上没有自己时, 老师给予及时鼓励; 当学生看到自己的作品不如别人的时候, 引导学生奋勇争先……老师们还在主页上发布对孩子们的祝福、每日提醒, 使孩子们生活在爱的环境中。这些举措, 旨在引导学生养成"勤奋、守纪、文明、进取"的良好学风, "求真、至善、尚美"的良好校风。事实证明, 效果是显著的。

(三) 管理作用

班级主页为学校管理提供了一个良好的平台, 有助于相关职能部门在第一时间内掌握第一手资料, 并及时做出科学判断, 同时也增加了学校管理的透明度。教导处可以查看各班"我们的新闻", 方便、及时了解每个班级特色打造的力度、进度、好的做法以及存在的问题, 并及时作出反馈, 对教师意见的第一时间反馈, 人性化、民主化的管理方式在网络的参与下如虎添翼。校学生会干部还可以查看各班的"月度之星"以及"表扬"栏, 第一时间了解学生的思想动态, 为进一步开展德育工作提供了依据; 还可以查看"我们的文章和作品", 收集、整理建设成果, 将静态的文章、作品在橱窗中展览, 动态的声乐、器乐、棋类、体育运动类在雏鹰电视台上展示, 全方位刺激学生的感官, 以榜样的力量, 激发学生的兴趣, 激励学生"比学赶帮超"的上进心, 以点带面, 促学生个性发展的同时, 引领学生全面发展, 收到了事半功倍的效果。俗话说, 众人拾柴火焰高, 一个人的力量是有限的, 集体的力量是无限的, 老师们通过浏览其他班级的主页, 相互借鉴, 查漏补缺, 完善自我。班级主页还是一个电子档案室,收集了各班的活动新闻、图片、学生文章、作品等，它的存在使老师们有了存档意识，同时节约了学校的打印开支和档案的存放空间。

(四) 育人作用

班级主页记录了每个班级的创建过程，记录了孩子们的成长历程。这个过程是充实的，丰富多彩的，对孩子们的影响是刻骨铭心的，这样的影响归功于班级主页的育人功能。据统计，初一至初三学生大约有92%的学生喜欢上网，其中81%左右的学生经常浏览班级主页，15%左右的学生只有信息技术课上浏览班级主页。面对这样的数字，班主任认为，只要合理开发班级主页的育人功能，定能促进学生的身心得到健康发展。

学校要求老师们充分发挥网络传播快捷的特点，及时报道开展的丰富多彩的活动，例如乒乓球赛、象棋赛、葫芦丝演奏会、经典诗文朗诵比赛等，并配以这些活动中的尽可能多的精美图片，这些活动通过网络使其影响力能够得到持续和延伸，让孩子们能经常回顾自己的成长历程，激发他们的荣誉感、自豪感，产生继续发展的动力。对于学生写的一些重点、优美的文章，班主任将其定为精品推荐，给予学生充分的肯定，大大提高学生发表文章的积极性。班主任通过班级主页上的QQ即时通信软件开通网上心理咨询直通车，对于学生来信询问关于学习、心理等问题，老师都会在第一时间予以解惑答疑。为了树立学生的信心，各班级主页都有自己的口号，为了配合不同时期的需要，班主任会在不同时期贴出不同的标语，也不乏一些个性化的标语，有利于学生初步形成自己的人生观和价值观。

(五) 窗口作用

Internet最初始层面的作用就是展示学校形象，就像利用各种传统媒体发布的学校形象宣传广告，所不同的是费用低廉、有效时间长、速度快、更新便捷。为了让家长了解、支持我们的特色打造工作，我们让孩子带领家长登录班级主页，了解班级的活动开展情况，认识自己的孩子，帮助自己的孩子，同时引领家长逐步改变人才观念，进而支持学校的特色打造工作。也可以将学校网址向社会公布，让关心支持教育的社会各界人士可以随时关注校园动态，让班级主页成为办人民满意教育的服务、宣传窗口。

二、班级主页建设的注意事项

（一）必须发动班级大部分同学参与其中

班级网站的集体智慧的结晶，如果只是几个同学热衷其中，网站将流于形式。每个小组总有几个学生家里有电脑，并且可以上网，可以负责家里没电脑的同学的文章的录入工作。

（二）网站要定期进行反馈

为了提高学生的写作兴趣，并且尽心尽力的经营好网站，班级必须有一定的反馈制度。如评选"优秀网络文章""优秀网络写手"等等，更可一段时间内开展小组评比，并且与班级的班规挂钩。

（三）文章必须进行审核

学生的文章虽然不要求辞藻华丽，但是也许积极健康，所以班主任虽然可以权力"下放"，让学生自己经营，必须制定班级网站的管理者，对班级网站的文章进行一一审核，发现有不利于健康的内容一律删除。班主任也要时刻关注学生的思想动向，善于从学生的随手涂鸦中摄取教育资源。

（四）班主任也要参与其中

班主任是班级中的地位定是不言而喻的，但是对于辅助班级建设的网站，亦要参与其中。班级的网站没有评论功能，所以我认为班主任可以自己和学生写一些同题文章来相互交流。如前不久的春游活动，我书写了一篇自己去植物园的感受，之后班级的几个同学亦写了同题文章。我将活动的照片上传，学生亦上传佳作，而且拍摄水平要远高于我。

(五) 挖掘身边的写作主题

学生往往觉得没东西可写，就算是写出的东西也无病呻吟的多。所以，教师要经常引导学生观察身边的生活，是否有可写之事。最近，如春游，看音乐剧，期中考试的复习，考试后的反思都可以是学生的写作素材。

(六) 网站内容要多姿多彩

网站始建，内容以文章为主，以后亦可发动学生关于某一话题的讨论，或者是举行一些摄影比赛，或者在网站上进行评比，教会学生写新闻，信件等等。学生刊出自己的文章，定是一种喜悦，而在不断的浏览中，相互学习相互借鉴。我想这是针对于学习而言的。而对于每个班级里的一些网虫们，沉迷于游戏的学生们，是不是也可以转移他们的注意力，将注意力放在班级网站的建设上的。

既然有这样的一个平台，就不要荒废它，如果真正的能够利用好，网站可以配合我们对学生进行教育。

第三节 同学们的"诞辰"——班级文化的"人情味"

一、班级主页的构成

(一) 门户网站

门户网站顶端由班级LOGO、宣传班级文化FLASH动画、GPRS浏览组成。主页面由班级教学资源库、班级成员登陆窗口、班级文明公约、班级成员学习成果、作品展示、班级剪影风情、国内外主要时事新闻、中考冲浪等主要模块构成，还包括管理员登陆平台、论坛登陆平台，门户网站搜索和调查系统，兄弟班级、学校链接等内容。

在门户网站上，班级每一位成员，包括教师可以看到学校最新发布的消息、通知、视频新闻、学校的周工作安排等，还可以发布和了解班级发生的各类事件、班级

班主任必备丛书 中学班级文化这样建设

188

成员的新思想、班级文艺活动新闻。学生还可以访问班级产资源库。班级成员之外的所有人还可以了解班级各科目的教学计划、动态。经过特定的一段时间，学生可以通过网站的投票调查程序对网站建设提出自己的意见，说出自己的想法，力争把班级门户网站建设得更好。班级成员还可以把自己在旅行、生活中的一些"萌照"晒给全班同学，有的影集可以加入密码，保护自己的隐私权，但是前提是要保证自己班级的同学可以看到，这是班级同学之间交流的最佳平台。班级集体活动的照片也可以发布在上面，对外展示班级的文化氛围，展现一个团结向上、和谐的班集体。除此之外，班级成员还可以通过门户网站上的班主任信箱或者校长信箱，向自己的班主任甚至校长提出自己的合理化建议，充分发扬民主。但是要注意一点，学生在提出意见或建议的时候，一定要要客观，语言要注意，以免造成不良影响。通过给班主任或校长发邮件，也可以随时询问学校或班级的情况，使自己更加了解自己的学校和班级，为自己随时参加班级和学校活动做好思想上的准备。

(二) 时事新闻栏目

时事新闻栏目大致包括五个方面的内容，分别为时事新闻、教育新闻、学校新闻、学校公告、班级新闻。

(1) 时事新闻：主要为当时热门、重大、人民关注的一些政治、社会、军事等相关新闻内容，来源途径为互联网。在当今社会要使学生关注社会民生，这些新闻对于学生热爱社会和国家是有很大都助的。

(2) 教育新闻：与学生相关的教育新闻，特别是关于中考改革方面的新闻，对于准确把握自己的复习方向，在中考中取得更好的成绩具有一定的提示作用。

(3) 学校新闻：来源于学校各职能部门，如教务处、学生处、校领导、学生来稿、学校最近发展情况，学校对外交流合作情况等新闻。这些新闻的播出，可以采用视频、音频等直观的方式，让学生随时参与学校的民主决策，为学校的进一步发展献计献策。

(4) **班级新闻**：鼓励学生踊跃投稿，把自己的见闻与全班师生分享，班级发生的好人好事、不良事件的委婉批评都可以作为班级新闻的重要来源，使班级全体成员都能够参与班级的发展和进步。

(5) **学校公告**：学校近期活动预告，学校发展学生公示，学生参加校内外比赛获奖情况发布等。学生通过这个栏目可以了解学校的最新发生的事件，增强自己在学校学习的信心，也有利于学生对外更好地宣传自己的母校。

(三) 班级概览

班级概览可以包括以下内容：

(1) **班级概况**：展示班级的集体照片、班主任致辞、班级特色、班级精神、班级口号、班风建设、学风建设、班级活动快照、班集体活动采风、班主任邮箱、班级论坛、联系我们等栏目。

(2) **班主任简介**：班主任近照，班主任简历、班主任治班理念、班主任近期发表的论文及著作等。

(3) **班委会情况**：现任班委会成员名单、往届班委会成员名单、班长风采、班委会合影、班委会工作职责、班委会监管情况、班委会管理制度等。

班级新貌：班级环境、师资力量、软、硬件设施等。

(四) 学生风采

学生风采可以通过以下方式展现：

(1) **学生明星**：优秀学生的生活照、学习经验、明星成绩、明星活动、明星风采。

(2) **作品展示**：文化作品、文艺作品、手工作品、生活作品、学习作品。

(3) **文学少年**：刊登学生的文学作品，让全体同学都可以欣赏美文，增加学生的美学修养，促进学生在文学领域的发展。

(4) **习题集锦**：在这个栏目当中，可以把中考的相关政策、文件、指导思想、考纲等、历年中考题、中考相关项目训练题目等。这些题目的来源可以由班主任来完成，也可以由学生在平时收集，然后上传至班级主页，供全体学生随时下载和学习。学生经历了这些题目的学习，可以在中考中取得更加优异的成绩，有利于学生的发展。同时，这些题目也可以供给其他人员下载，但是要受到一些限制，比如需要登陆、注册等，这样不仅做到了资源共享，还保护了学生的权益。

（五）家长概况

家长课堂，帮助家长更好地教育自己的子女，帮助学生建立学习的信心，告诉家长如何在家庭教育中鼓励学生多多学习知识，从而使学生在课堂上表现得更好，家长的成长促成了学生的良好熏陶，使得学生在在家长和教师的共同作用下，完成学业。

教子有方模块教会家长一些日常使用的一些方法，如平等交流法、朋友交流法等。使家长与学生和平相处，创建一个和谐的家庭环境，保证学生良好的文化背景的培养。

在家长频道中引用一些相关教育网站上的文章，向学生家长宣传相关的法律、教育教学、人际交往、学生年龄特点、学生身心特点、家长的工作与学生学习的关系、家长的文化修养与学生发展的关系等知识。让家长明白，学生的发展绝不是一朝一夕的事情，家长是学生的第一任教师，学生有成长很大的程度上取决于家长的培养。而教师对学生的影响是在家长影响的基础之上的。家长一定要认识到家庭熏陶的重要性，在日常生活当中，注重对于学生的培养。这些文章的引用一定要注重其重要性，因为这些文章的重要性直接影响学生的学习和家长的教育。

（六）班级论坛

班级论坛是班主任与学生、学生与学生之间交流的重要平台，在论坛之中，师生之间平等的交流，生生之间自由的交流。学生们可以在论坛中发布一些与学生的学习相关的信息，学生们利用这些进行学习，发表自己的观点。在论坛里，学生们经常讨论一些与自己的生活息息相关的社会、学校、家庭、日常生活中出现的各种有趣的事情，有时学生们讨论起来经常会没完没了，学生们各抒己见，充分表达自己的想法，哪怕是一些无聊的想法都会出现在论坛中,学生们在论坛中学会了很多的知识,并且把自己的想法都表达出来。

与此同时,学生在论坛中的交流还包括一些计算机方面的知识,也包括一些计算机维护的知识,学生通过交流,可以更好地使用计算机进行学习,并且把计算机作为自己学习的重要工具。学生管理员经过一定的程序,完成本班级网站的日常管理和维护,从而使班级网站更好地为班级服务。

(七) 留言本

这一板块是用来为网站的运行提供交流服务的,学生或者是外网的人员在访问了本班级网站之后 ,肯定会有一些想法或建议,而这些建议对于班级网站的建设是有帮助的。

另外,学生或者外网的人员在浏览了本班级的网站以后,还可以对一些自己感兴趣的内容提出询问,丰富自己的知识。并且还可以交流一些网站维护的知识,提高自己制作网站的技能。

二、"我们班的×××同学生日,请大家送上祝福"

班主任在建立班级网之初,需要做好以下几个方面的工作:

1、班级成员的出生年月、重要纪念日。

2、了解学生父母或者重要亲人的生日。

3、班主任的生日。

在班级的日常管理中,学生们的生日或重要的纪念日总是希望得到大家的关注,如果在学生尚不知情的情况下,班主任使全班同学都知道了学生的生日,对于学生来说是重要的事情,有利于提高班级的凝聚力。

班主任在网站的特定位置,记录下班级每一位成员的具体出生年月日,并且可以以闹钟的方式或者日程提醒的方式在相应的日子发布消息:"我们班的×××同学今天生日,请大家为他送上祝福吧。"

这样事情做过以后, 会产生如下的效果:

1、使学生体会到班主任和全班同学对自己的关怀;

2、树立自己在同学们心目中的地位;

3、班级可以采取适当的方式为学生的生日做出祝福, 如中午给学生送上长寿面, 下午的班会开始时, 首先为过生日的学生送祝福等活动。这样学生的心理会得到有利的发展。

总之, 为班级里过生日的同学送上同学们和班主任的祝福, 看似简单, 可实际取得的效果却远远大于其表现所呈现的内容。班主任通过这样的活动, 凝聚全班同学的力量, 为班级的发展积蓄力量, 从而促成班级的健康成长。

第四节 "同学们, 注意了, 有信息要发布"

——主页功能的体现

一、建设信息管理数据库

伴随信息量的不断增大, 通过运用现代信息技术和管理工具来进行班级信息库的建设, 能高效地实现班级的管理和服务, 将自己从繁琐的事务性工作中解脱出来, 成为班级的管理者和指导者。

可以把学生的个人家庭住址、家庭结构建立一个数据库, 形成学生的电子档案, 便于及时和学生家长联系。并且记录下班级学生的兴趣、志向、违规或获奖情况等。每次开完一些主题班会, 也相应地记录学生的反馈情况。比如有次班会是写对将来职业兴趣的调查, 把学生们想要从事的职业也记录到档案中。与学生聊天时, 他们会因为梦想被认同而感到兴奋。有计划地逐步优化和整理资料, 如每学期开学的一周内进行新信息的统计与更新, 确保信息数据的准确与详细, 全方位记录班级学生的成长过程。

二、设置班级博客

目前的学生都是"90"后，他们更加强调自我价值和个体发展，更加注重竞争与参与，民主与平等；更加善于接受新思想、新事物，获取信息能力非常强。运用博客这一网络工具，建立以班级为单位的班级日志，搭建了一个集学生思想交流、资源共享和互助互动的全新平台。班级博客构建了学生自主学习、自主管理、人人平等、人人参与的班集体建设平台。学生可以把看到的、听到的、想到的思想精华及时累积起来，记录下班级的好人好事，并在交流和共享中达到思想的碰撞。也起到了宣传班风、班规、班貌的作用。而且，班级博客不仅是单向地发布，它出色的交流功能可以提升班级思维的活跃度，增强班集体荣誉感和凝聚力。而且，家长也可以通过班级博客了解孩子在学校和班级的最新动态和相关问题，使德育工作的开展更有时效性、针对性。

将来我准备继续努力，把博客的管理工作交给学生，让他们自主建设，争取更加丰富多彩。并且我还准备以后重大活动之前，将前期工作的宣传、安排、要求上传；活动过程与后期，将照片、视频上传，即能够让家长了解动态，也能够表扬学生的优秀表现，增强学生的集体荣誉感和班级归属感。

如果条件许可，还可以通过班级博客发布一些热点新闻、时事政治的讨论，比如最近的日本地震事件。引导学生对于社会焦点的关注和思考，培养和抒发学生们的爱国热情。

三、合理利用网络信息工具

除了系统化的信息数据库、时尚的班级博客外，还可以充分利用其他的网络与信息工具，比如一些常见的聊天工具，QQ、MSN等。通过网络聊天、电子信息、网上论坛等现代化技术手段传递信息，能够克服时间和空间的限制，为班主任和学生、学生与学生进行交流提供了有效的工具。

假期里，老师可以利用email和学生互相沟通。有的学生可能不愿意直接当面述说，但是通过网络世界，他们能够尽情倾述，反映各种问题，也方便老师能够准确收集学生反映的信息，并给予指导和纠正。假期里的团支部小组活动也及时汇总到团支书那里，再将活动情况和照片传给老师。活动激发了学生参与的热情，也发挥了他们的各种才能。

现在很多学生都有QQ空间、校内网、微博等表达自己思想的网络空间，通过阅读学生发布在网络空间中的个人日志，能够了解学生的爱好、兴趣、最近的困惑、情绪等，发现问题苗头可以及早预防，使得思想教育和学生的实际紧密结合在一起，从而更具针对性和主动性，这都是传统教育无法比拟的。

四、利用手机短信增进家校联系

手机微信、飞信等类似的网络工具，能够快速便捷地将短信群发到学生或家长的手机上，让班级管理变得更加高效。班主任可以用来向家长和学生发送紧急消息或学校通知等。比如A老师南京考察期间，要求班干部用手机短信的方式汇报行程，让班主任及时跟进各小组活动情况，也能够及时应对突发问题。B老师班有个学生没有及时去英语老师那里背课文，就发短信给他，提醒他及时找老师补作业。他也很愉快地同意了B老师的要求。用短信的方式不仅可以较迅速地传递信息，还可以婉转地对学生提出意见和建议，能够让他们心平气和地思考问题。

五、利用网络实现全球化教育

随着计算机网络越来越广泛进入学校和家庭，人们获得了一种全新的交流手段，教育也因而获得了前所未有的新资源和四通八达的新途径。2001年4月，美国的麻省理工大学，宣布将它的2000余门课程陆续放在互联网上，让世界上任何人在任何时间都可以免费使用。现在就有"淘课"一族，在网上搜索美国一些名校比如耶鲁大学、哈佛大学的课程。只要轻点鼠标，便可聆听麻省理工、哈佛、剑桥等名校名师的讲座。一些热门的课程有哈佛大学哲学博士TalBen Shahar的《幸福课》、耶鲁大学哲学教授Shelly Kagan的《哲学和死亡》。在一些淘课网站上可以搜到五花八门的知识，天文物理、经济哲学……比如耶鲁大学讲世界名著，最起码可以让我们看到对于名著的不同解读，通过聆听这些名校名师的讲课，还激发了老师们对现行教育理念及教育模式的重新思考，也激励老师们向那些饱读诗书，内涵深广的大师们学习。

六、引导学生正确使用信息资源

网络是把双刃剑，有些学生过分沉溺于手机和计算机网络的影响，出现如上课看电子书，QQ聊天、打网络游戏等问题。不端正的行为影响了他们正常的学习秩序，分散了他们对学习的专注力，也容易产生心理问题。在信息的传递与反馈过程中，我觉得一定要把握好一个"度"的问题——既要做到认真筛选、斟酌信息内容，在传递反馈的环节把好关，又要把握住限制与管束的度，在加强班级管理信息化的过程中找到一个引导学生的平衡点。为保证时间和效果，可以与学生约定一个双方都比较方便的时间如周六下午进行交流，为学生提供思想和生活上的指导。

目前很多学校已经建设网络家长学校，加强家校互动，使家长们能够及时了解学生在学校中的学习和生活情况，配合学校作好学生的思想教育工作。利用网络开家长会，让家长浏览班级主页，也可以通过校园BBS或E-mail信箱向班主任反映意见和建议，也使学校能够及时掌握学生的家庭教育情况，促进学校住校生管理工作的发展。

另外，也可以建立网上心理热线，学生可以匿名通过网络论坛与指导教师交流、谈心，大胆说出自己的困惑，以获得指导教师的最大帮助。

总之，利用现代化技术手段进行班级管理，在师生间建立起了一座空中桥梁，增进了师生间的情感交流，使班主任工作更加顺畅、民主与科学。我们要关注新时期新事物给学生管理带来的变化，做到与时俱进，充分发挥网络的优势，扬长避短，不断完善班级管理制度，促进学生的德智体健康发展。我也会不断学习新的计算机知识，充分利用现代科技，为班级管理注入新的活力。

第五节　班级文化主页的模块管理

一、班级文化主页的管理实践

进入21世纪以来，青少年已经越来越多地接触到网络，上网的时间明显增加，上网的地点分布于学校、网吧、家庭，甚至在上课的时间，学生都可以用手机登陆QQ号码，当老师提问的问题学生不知道答案的时候，他们都会用手机上网查阅答案，然后举手回答老师的问题，应该说这样的现象在现在的中学已经非常普遍了。

试想一下，如果班主任能够利用班级的文化主页，使同学们在班级主页上可以查询到各种信息，进行各种学术交流，生活交流。这将是一个多么生活化的场面？主页可以为同学们提供丰富的信息资源、精彩的娱乐时空。

但是网络也是一把双刃剑。一些中学生喜欢上网聊天、打游戏，更有甚者是在浏览一些黄色的信息。因此，在班级主页，为了满足和规范学生上网，班主任可以选择设立学生电子阅览室，并在班级里选择专门的同学来管理。学校为每个班级配备了电脑，让班级里的同学为自己的班级建立班级主页，并为每个同学都申请一个电子信箱，实现全班信息的互通，全校信息的互通。

(一) 在班级网页上设置爱国主义模块，培养民族精神，增强发放自尊心和自信心

邓小平同志在党的十二大开幕词中指出："中国人民有自己的民族自尊心和自豪感，以热爱祖国，贡献全部力量建设社会主义祖国为最大光荣，以损害社会主义祖国利益、尊严为最大耻辱。"

江泽民同志在党的十六大报告中提到民族精神是一个民族赖以生存和发展的精神支撑，必须大力弘扬和培育民族精神。

在传统教育观的指导下，爱国主义教育是教师在讲台上说教，学生坐在下面听教, 教育的方式和方法都比较单一, 内容十分贫乏, 教学的效果也不是十分的明显。

然而在当今社会, 网络教育正在发挥着它的巨大资源优势, 网络信息量大、内容更新快捷。班主任利用丰富的网络教育资源的优势, 从大量的信息中筛选出一些有感染力的时事信息发布在班级网页上。主要内容包括以下几个方面: (1) 国内外的政治、经济、文化、文学、艺术、宗教等方面的发展现状及发展趋势; (2) 党和国家重大的政策, 特别是教育政策的产生与发展历史及趋势; (3) 中华民族文明五千年历史中的重大历史发展阶段的辉煌文明, 如丝绸之路、四大发明、民族团结等; (4) 改革开放三十年来, 国家在各个领域的巨大的成就, 特别是与学生生活息息相关的发展成就。

与此同时, 在让学生了解相关的时事信息之外, 班主任为了实现培养学生爱国主义精神、民族自尊心、民族自信心的目标, 除了以上的宣传工作以外, 还可以开展一些与爱国主义相关的班级活动。例如:

(1) 清明节的祭扫活动组织与安排、清明节征文、征文收集以后的评选活动。还可以在网上为革命先烈献上鲜花, 可以向自己的先人寄托哀思, 以此来抒发爱情情感。

(2) 在国家重大事件发生的时候, 学生在班级主页上发表自己的言论, 做出自己应有贡献, 比如可以在"抗击非典"活动中, 鼓励学生为同胞签名活动, 并为自己的同胞写一句祝福的话语, 通过这项活动使学生明白这样一个道理:"我们的国家和民族虽然经历过许多的自然灾害和社会的动荡, 经历过一些外族的入侵, 但是我们具有坚强的民族精神, 有着战无不胜的意志力, 无论什么困难都难不倒伟大的中国人民"。

(3) 中国共产党的代表大会召开以后, 可以开展"××大"知识竞赛活动, 让同学们在主页上的论坛里进行比赛, 然后给予一定的成绩评价, 最终评选出"国家大事明星"人物。

通过这些活动的开展, 不仅使同学们更加灵活地使用网络, 也使他们在积极参与活动的同时增添了爱国主义情感、增强了民族自尊心和自信心, 学生们更加努力地学习, 对于自己和祖国的未来有了更大的信心。

(二) 在班级主页设置留言和论坛模块, 提高学生的人际交往能力

学校是一个小型的社会, 学生在这里学习、生活, 人与人的关系也可以归结为社会关系的一种, 班级里现存的各种人际关系, 会对学生产生各种不同方面的影响。这些关系的存在和发展, 也直接影响到学校教育功能和教育目标的实现, 影响着学生身体和心理的发展, 影响学生个性的形成与发展。学生之间的交往形式通常是各种各样的, 有的是Face To Face, 有的是短信交流、有的是微信交流、有的是E-mail交流和书信交流。

班主任可以在班级主页上设置一些留言板和交往论坛等模块, 以此来提高学生的人际交往能力。比如班主任在班级主页上设置一个板块, 命名为"公开言论", 在这个模块里, 可以实现以下几个功能:

(1) 时事信息的及时发布。班级里的任何一位同学, 当他通过各种正常的途径获得国内外的信息的时候, 可以在这个栏目上发布, 特别是关于中考政策方面的信息等, 可以帮助同学增加考试复习的针对性, 还有利于同学们学习的紧迫感。

(2) 同学之间关系处理信息。可以让同学之间把一些内心的想法写在这个栏目上, 比如某位同学对另一位同学的道歉信; 同学之间交友信息的交流, 朋友之间交流的经验传播等。

(三) 利用班级主页, 增强班级的凝聚力

班级的每一个成员, 都要成为班级的"副班主任", 帮助老师一起管理班级, 让全班每一个同学都参与到班级各项管理当中去, 发挥班级成员的主人翁精神, 而在现在的多数班级里, 只有班主任和班干部有积极性参与班级管理, 而班级的大多数同学都只是被动接受他们的管理, 多数同学奉行的是"班级的事情与我无关, 只要听班主任和班级干部的调动和安排就可以了"的理念, 因此他们的积极性就不会高涨。

在班级主页上, 班主任在与全班同学协商讨论的基础上, 建立班级团结论坛, 供

全体同学参与班级重大活动时集思广益。比如可以采用以下方式：

(1) 班训、班级标语、口号的征集活动。在论坛中，由班主任或者班干部开展班级各种标语、口号的征集活动，让全体同学通过各种途径制定班级的口号，收集各种关于班级标语、口号的信息，把最能体现班级精神的标语和口号列举出来，让全班同学通过民主投票，最终确定班级的班训、标语、口号等。

(2) 在论坛里进行教师教学的评价、班级干部工作评价、优秀班级干部评选活动。班主任在实施这项工作的时候，可以采用如下的程序：①在学期初（比如可以在开学的第二周），班主任在班级主页上发布班干部、任课教师工作与教学情况调查问卷，内容主要涉及开学以来，各位班级干部在为同学服务方面各种优点和不足，同学们采取匿名的方式为自己班级的班级干部提出建议和意见；同时，同学们还可以为自己的各科任课教师进行初步评价，提出相关的想法。②在学期中的形成性评价。在班级工作和教学工作进行一段时间以后，在学期的中间，班主任可以设置留言论坛，让全体同学为班级干部和科任教师提出意见，同学们在总结开学以来的各种学习经验的基础上，对于班级的各项工作，特别是班干部的服务工作和剩余教师的教学工作提出优点和不足。③在学期的最后一周，班主任再次组织全体同学对于班级干部和任课教师的工作和教学总体效果进行总结性评价，为今后的工作指明方向。与此同时，作为班级干部和科任教师要正确对待同学们提出的意见，在网上与全体同学进行平等的交流，使班级的各项工作完成得更好。

(3) 针对内向的学生，开展匿名留言簿。在班级内部，班主任经常会遇到这样的同学，他们的性格比较内向，在班级的各项活动中，他们虽然积极地参加，但是经常一言不发，在同学们讨论问题时，他们也不提出自己的想法，针对这样的学生，班主任可以在班级主页上设置匿名留言簿，让全班同学以匿名的方式提出自己对于班级建设的各种意见。这样不仅可以让班主任在组织班级运行时收到更多的建议和意见，还可以让班级的全体成员都积极地参与到班级内部管理当中来。

(4) 在班级主页上量化同学们的成绩, 让全体同学都清楚自己在本学期为自己和班级做出哪些贡献? 这些贡献的奖励或惩罚是什么? 使全体同学都可以清晰地看到自己的成长历程, 并从中总结学习和工作的经验教训, 把自己的未来设计得更好。

总而言之, 在班级文化建设的过程中, 班主任要充分利用现代信息技术, 在班级主页上通过设置各种模块, 通过开展各种网络互动活动, 让全班的同学的学习生活更加丰富, 学习成绩得到更快的提高, 个人身心发展得更快。

二、实现班级管理的网络化

(一) 产生背景

1、班主任工作的现状

"没有班主任, 没有班主任的卓越的工作, 就谈不上21世纪的教育。" 在新世纪的教育改革和发展过程中, 班主任工作显得越来越重要, 我们甚至可以这样说: 班主任是21世纪教育工作中最重要、最富有价值的工作。

但是仔细考察当前的班主任工作状况, 我们又不得不承认其中所存在的问题, 班主任队伍建设失范、管理和教育思想陈旧落后、班主任的文化素养不高、知识面过窄等等问题已经严重地制约了素质教育的实施, 更令人担心和忧虑的是这些问题被多数学校办学中强烈的 "应试教育" 倾向所掩盖, 至今还远未引起人们的关注和重视。

2、青少年思想道德新要求

青少年是祖国未来的建设者, 是中国特色社会主义事业的接班人, 他们的综合素质如何, 直接关系到中华民族的整体素质; 关系到国家前途和民族命运。近年, 中共中央国务院从全面建设小康社会的战略高度出发, 颁布了《关于进一步加强和改进未成年人思想道德建设的若干意见》, 对新时期加强和改进青少年思想道德建设提出了明确的要求, 做出了新的重要部署。要求我们大力加强青少年思想道德教育, 切实改进学校班级建设工作, 广泛开展各种活动, 积极营造有利于青少年健康成长的舆论氛围和网络环境,不断提高他们的综合素质。

3、社会大环境的发展情况

如今的社会,网络的兴起和蓬勃发展,正在悄然改变着我们的生活方式,从各种传媒的报道,到人们认识上的变化,互联网已经在人们的生活中占有了不可或缺的地位。网络上无限自由的空间和超现实的虚拟世界强烈的吸引着追求自由、独立和个性的当代青少年,网络正在潜移默化地影响着我们学生的成长及其思想和行为,给未成年人学习和娱乐开辟了新的渠道。网络带给我们一个全新的教育环境,而要杜绝网络对青少年产生的不良影响,关键在于因势利导。为了更好地实现"一切为了学生,为了学生的一切"的教育理念,教师可以和学生一起,在互联网上形成一个班级教育的阵地,引导学生健康向上的成长,从而成为一个综合素质优秀的社会公民。

(二)主要做法

1、营造和谐温馨的家园

现实生活中的班级是有班主任、任课教师和学生组成的,学生按照要求完成每一天的学业。学生出于对老师的心理压力,在教室里不可能做到像在家里一样。利用网络的虚拟性,我们在网上设立班级网站,在班级网站中,班级的基本信息都融入其中,它包括班规、班风、班级课程表、班级成员名单、任课教师情况、班级值班表等,让学生打开班级网站就有一种回家的感觉,就有一种想为这个家做点什么的心愿。

2、创设平等交流的平台

班级网站有利于引导学生在网络交往中正确认识自己、他人和班级,增强班级凝聚力和认同感。现实的班主任日常管理,必然要与学生面对面交流,虽然力求平等对话,但有时会在学生心理上造成居高临下的压力,这种心理压力是无形的。由于班级网站是以网络为中转站,通过班级论坛交流就可以消除这种面对面的心理压力,使学生敢说敢言,真正意义上实现师生的平等交流,老师通过班级网站直观透彻真实地解孩子们的想法，及时发现问题，及时解决。

班级网站同时也能够形成家校之间的平等对话：作为现代社会的教师，工作比较繁忙，不可能做到对每一位学生都上门家访，而请家长到学校来也存在着许多不便之处：有的家长工作也比较繁忙，有的家长觉得进了办公室，面对着诸多老师，耳边听到的都是自己孩子的不是，有一种"挨批受审"的感觉，面子上挂不住，感到十分尴尬。而通过班级网站把学生的近况公布于网上，以便家长能够及时地了解学生的在校情况，并根据情况及时与孩子进行沟通。这样既能保住家长的尊严，又及时对班级进行管理。

班级网站还是同学之间相互交流的一个平台，由于同学之间存在着个性差异，现实生活中的交往会存在着一定的心理障碍，而班级网站使同学的交往更加自由，在一定程度上能够缓解心理的自我关闭，拓宽学生交往的层面，加深同学间的了解。

3、开辟展示自我的空间

凡是有经验的班主任都注意培养学生多方面的兴趣和特长，这是素质教育的要求，但是，孩子们的各种才艺、自我表现一般只能在校内外组织的有限的几次比赛中或者兴趣小组里才能得到展示，并且能够欣赏到这些才艺的人也有限。而现代的网络技术就给这些工作提供了便利条件。我们让学生的各种才艺在网站上展示，它打破了时空的限制，让学生的才艺尽情发挥，尽数施展。我们利用数码摄像机等设备把学生的优秀作文、书画作品、雕刻作品、小品表演、摄影作品等能体现学生才艺的资料大量上传到网上，能体现学生自我价值的班级剪影照也上传到网上，这样既能够展示学生的才艺，更能让他们在此找到自身的价值和各种不同的成就感，增强学生的自信心。

（三）基本成效

1、形成个性班级文化

通过班级网站，学生之间、师生之间、家长和学生之间的交往更加自由，加深了彼此之间的了解,更易形成健康向上的班级舆论,班集体的教育功能得到充分发挥。大家彼此尊重,以此进一步促进了班级面貌的改变,同时形成了有个性的班级文化氛围。

2、全员参与班级管理

传统的班级管理,是班主任依靠班干部和个别积极的学生来进行。大部分学生则坐等观望,班级制订了班规,学生们只要奉命遵守就行了,对班级管理基本上是"事不关己"的态度,尤其在班级中处于中等的同学,或者是性格内向的学生对规范性约束习以为常,缺乏主动参与班级管理的热情,而家长更是被排除在班级管理之外。开设班级网站以后就不同了,班级主页成为班级管理的主阵地,教师根据学生自己的特长分工合作,来共同对班级进行管理,而且用网络为媒介的班级交流、讨论,由于身份具有隐蔽性,学生、家长与老师消除了直面的压力,乐意参与,同时由于他们的意见被他人肯定,被他人关注,学生、家长也深深感受到自己是班级主人,参与班级管理的积极性都特别高涨。每个人在管理中都收获了自信和成功,领悟到团结协作的快乐的同时也形成了全员参与的班级管理。

3、形成各种关系的和谐变化

传统的家校关系其实是一种陌路人的关系,除非开家长会或者是老师请家长去学校,家校之间才会有那么一丁点的联系,在家长的眼中,学校更像是一个托管所。所以,家校之间往往会产生不必要的误会。建立班级网站后,班级信息公开化,班级管理公开化,学校管理科学化,家长能够全面、快捷、及时地了解到学生、教师、学校的各种信息,就不可能产生误会。同时家长能够积极参与班级管理和学校的建设,形成和谐的家校关系。而就在班级网站建立后的一段时间,师生关系、生生关系也在不知不觉中发生着和谐的变化:师生相互理解、相互尊重;学生之间相互关心、相互理解、相互尊重。家、校、师、生都处于一种和谐发展的状态。

4、学生得到全面发展

班级网站的设立，就是为了体现现代班级管理的客观要求：弘扬人的主体性。而增强人自主管理品质与能力是现代社会对人的客观要求。在网络上开展班级管理工作，受教育者是自由的，他们可以根据自己的实际情况去选择自己想要感受的内容，而不是由教育者指定和强迫孩子们去接受教育。因此更容易调动学生接受教育的主动性，更容易发挥他们的能动作用，也有利于学生得到全面的发展。

班级网站是一个新生事物，它有助于班主任对于构建班级管理体系的研究，有助于班主任对于形成班级文化的研究，有助于青年教师的成长。班级网站是传统班级管理工作的延伸和补充，也是班级管理现代化发展的必然趋势，它具有教育内容多媒性、活动资源多源性、管理自主性、活动合作性、组织虚拟性、主体平等性、身份隐蔽性等。而我们所说的实施学校班级网络管理，并不是对传统班级管理途径的否定和替代，学校班级管理也具有一定的优点：活动统一组织、统一安排，教育管理严格，评价机制完备等方面。我们在研究班级管理网络化的同时，应该要考虑的问题是：在班级管理工作中，如何将传统的方式和现代化的方式更有机的结合，使班主任的班级管理体系更完善。

［案 例］

一个班级网站建设的心得

(一) 建立班级网页的目的

我认为建立班级网页的目的是更好地服务于班主任的教育和教学，为老师和同学提供一个交流的平台。

记得，曾在两年前，我就有种愿望，希望能建立一个属于自己的班级网页，把自己平时的工作和教学点滴以及有关课件保存在自己的网页上，同时能在网站上开辟各种专栏，为

第八章 虚拟中学班级文化

205

学生和老师提供一个交流的平台。这个想法正好与学校信息部的计划不谋而合，于是在学校信息部大力支持下，我建立了东升学校的第一个班级搏客。后来，经过学校进一步推广下，全校各班都建起了自己的班级网页。我和学生投入了极大的热情，致使我班的班级网页一年来点击率已达到54480多次，列集团之最。

（二）介绍班级网页

1、网页栏目丰富多彩，设有：班级简介、班训、班级文化、班主任和科任老师简介、班级活动、主题班会、班级之星、班干简介、新闻快讯、优秀作文、班级管理、家长留言、班级论坛、班级表扬栏、经典阅读、家校联系、语、数、英作业栏、班级小乐园、迎省级评估征文、教师交流、阅读写作指导、优秀日记以及视频音乐舞曲等近30个栏目。

在这些栏目中，最让我觉得比较实在的栏目是：班级活动、优秀作文、经典阅读、阅读写作指导、优秀日记，这些栏目的开展充分展示了学生的作品，提供了学生交流发展的平台，也更好地为自己的教育和教学服务，激励了班级学生的成长。特别是优秀作文和优秀日记栏目都是平时学生写的文章，平时一点一滴积累起来的。也正是平时的积累，原来601、602两个班级的同学有14人获全国奥林匹克作文竞赛二、三等奖，有8个同学的作文同时发表在《全国小学生最新课标分类作文》六年级卷上，还有两个学生的作文发表在布吉通讯上，这些作文都是来自班级网页上的优秀作文里，是学生积累的结果。

2、除了主要栏目之外，还链接了大量优秀的值得学生去学习的好网站。

建立网站版主管理机制。充分发挥班级干部积极性，做好网块划分责任制。办班级网站要花大量时间，光靠班主任是完成不了任务的，到目前为止，已发表日志1366篇，可见任务之繁重。

总之，今天我班级网页能够办成功，最主要的功劳要归根于学校给了我一个平台，归功于学校领导的支持和关心，特别是信息部老师的耐心指点。今后，我将继续带领我的班级学生不断发展和完善班级网页，力争做得更优秀。

三、班级的网络化管理

随着我国信息化建设的不断深入,信息技术教育在全国中小学日益普及,越来越多的学校和家庭都接入了互联网。截止2005年7月,我国上网用户总数已突破一亿大关,成为仅次于美国的世界网络大国。互联网的优势不仅表现在受众的数目巨大,更以其信息的海量和持续存在性、卓越的互动功能、二次信息的产生和传播、无时空限制和匿名性等诸多特色,成为人们获取信息、传播知识、享受生活等各类活动的最重要支持工具。最新调查数据显示,我国18岁以下的网民占全部上网人数的15.8%,网民在结构上仍然呈现低龄化的态势。

如今,网络对学生的学习和生活产生了越来越重要的影响,也对班主任工作提出了新的挑战。网络已经成为学生学习和娱乐的一部分,但许多学校仍把学生上网"一刀切",一味地采取"堵"的消极管理方式,而忽视了网络的教育"牵引"功能。一位高素质的教育工作者应具有现代化的教育观念,掌握现代化的管理方法和教学手段,对信息和网络积极认同,能熟练运用现代信息工具对信息资源进行有效的收集、组织、管理、运用,实现最优化的教育效果。处于信息时代的班主任更需要紧跟形势,不断开动脑筋,探讨如何通过营造学生喜闻乐见的现代信息技术氛围,开展具有信息时代特色的班主任工作,来提升班级管理的水平和效果,从而更好地促进学生身心健康的全面发展。

在发挥传统班级管理特色的同时,我们需要借助网络功能的新特点,优势互补,因势利导,趋利避害,不断探讨网络化班级管理的新方法。网络化班级管理是指在传统班级管理方法的基础上、通过局域网或广域网开展一系列跨越时空(实时和非实时)的班级管理活动,这种活动必须围绕现代班级管理思想、目标和内容来开展,是传统班级管理工作的延伸和补充,也是班级管理现代化发展的必然趋势。网络化班级管理主要通过在学校网站或者班级主页上建立班级电子档案(数据库)、网上课堂、虚拟社区、网上班队活动、网上家长学校、网上德育基地等途径来实现班级管理目标。网络化班级管理具有许多传统管理方式无法比拟的优越性，表现在功能上的特点主要有：教育内容多媒体性、资源丰富性、活动协作性、管理自主性、组织虚拟性、主体平等性、身份隐蔽性和时空无限性等。网络化班级管理强调教育者和受教育者双方的互动，突出了学生的主体性，有利于发挥学生的主体意识，体现了班主任与学生作为班级管理参与者的平等性和民主性，激发了学生主体参与班级管理工作的热情，体现了教育"以人为本"的科学发展观思想。

(一) 班级主页——虚拟空间的新舞台

班级主页是实现网络化班级管理的阵地，是虚拟化的班级新舞台，可以建立完善的富有吸引力的班级主页，提供一个虚拟的班级管理的网络化环境。校园网和班级主页要遵循网络特点和网上信息传播规律，充分考虑未成年人的兴趣爱好，围绕学科教学和思想道德教育，给学生提供大量适合他们浏览的内容，通过创建积极的校园文化来抵制不良网络文化的影响。

班主任应鼓励学生以学校网站数据库为平台策划制作班级主页。首先成立班级网页工作室，班上学生依据自己的特长加入技术组、资料组、美工组，并联合班内原有的宣传组以及文学兴趣小组，投入到这项展示班集体建设成就的活动中来。班级网页凝结着每个参与者的智慧和劳动，充分发挥了每个人的特长，每个人都收获了自信和成功，在活动中领悟到团结协作精神和集体主义精神的意义。

规划班级主页时，要尽可能做到栏目设计科学、名称新颖、界面友好、布局简洁美观、内容丰富，既要体现学科教学、思想教育、班级管理的内在要求，又要生动活泼，不乏时代感，符合学生的心理特点和兴趣爱好。完善的班级主页的栏目设置一般应包括网上课堂 (分学科学习、练习、测试)、班级管理 (数据库)、班级日志 (博客博客)、网上班队活动、网上德育基地 (主题类)、班级社区 (聊天室、论坛、心理咨询)、网上娱乐、学生园地、网上家长学校、邮件列表等大体类别。主页制作完成后，班主任要定期检查和协助网页制作工作，收集反馈信息，调整栏目设置，不断丰富内容，及时更新。

作为班级课堂的延伸，班级主页首先要服务学科教学，同时，应积极服务班级管理工作。当然，班级主页如果单纯为了班级管理或德育教育的目的而建设，实际上是弱化了它的功能，也是很难达到预期效果的，因为思想教育与学科教学本身就是融为一体，相辅相成，不可分割的。

设置班级管理栏目后，在网页上添加班级管理内容，例如可将自己对班级管理的认识放入其中，设置讨论区栏目"留言簿"、"班级管理之我见"等，引导学生通过网络参与班级管理的讨论，与班主任、同学等进行网上交流，畅谈自己的想法。网上服务应讲究实效性，学生在网站上反映和咨询的问题，班主任或网站管理者必须在尽可能短的时间内答复学生，做到有问必答，才能使班级网页真正成为班主任、学科教师和学生之间的沟通桥梁。

班级主页除了有沟通桥梁的作用外，也是家长了解班级管理工作和学生学习状况的最便捷途径。通过建立"网上家长学校"等类似的交流栏目，可以促进家长参与学校管理。学校与家长联系的方式多种多样，但网络化管理使得班级管理开放性增强，便于家长随时了解班级活动状况和学生表现。班主任也可以通过邮件给家长发送学生成绩通知单或致家长信，通过论坛召开非实时的家长座谈会等，与家长交换意见，并同时得到学生的校外表现等信息。班级主页不仅有助于得到家长对学生管理工作的积极配合，也解决了班主任进行传统家访的时间矛盾，可以随时在线家访。

(二) 管理系统——班级管理的信息库

在校园网使用过程中，作为基础的软件建设工程，各学校都会建设以数据库为基础的教学管理系统，其中包括班级管理、学籍管理、网络教学和在线交流等基本模块功能。班级管理信息系统作为教学管理系统的一个重要组成部分与前端学校网站或班级主页链接，在日常教学管理中发挥着核心作用。

分类详尽、内容完善、方便检索的班级管理信息系统是班级管理工作流程系统化、规范化和自动化的基础。完善的信息系统对于管理者了解学生学习及思想状况、分析原因、解决问题和制定决策将起到重要的信息咨询功能。班级管理信息系统一般都能提供学籍管理(包括电子照片)、成绩管理、评语管理、考勤记录和奖惩记录、个别教育记录、班级工作计划、班会教案及班费收支登记、班级工作日志、课程表、座位表和班主任自身的课程教案管理、听课记录、假期通知书、学生通讯录等众多的功能,全面完整地记载班级的各种信息,又能将各种信息以融会贯通、浑然一体的面貌集中地呈现出来,使班主任对班级情况一目了然,工作效率事半功倍。

班主任还可利用该系统定期对全班学生进行普查,建立学生情况预警机制,对于成绩不够理想的学生及时提出警示。该系统的深入应用还可以促进教师改变对学生的评价模式,通过跟踪学生表现和学习成绩,发现学生的闪光点,改变以学期期末考试为依据的终结性评价方式为以学习过程为依据的形成性评价方式,在发展中科学地评价学生。为了掌握每个学生的个性特点,班主任需要在信息库中完善学生个性档案,尽可能详细地记录所有相关信息,建立起"学习情况"、"个性特长"、"行为表现"、"品格发展"、"身体素质"等数字化信息系统,并对各有关数据项进行及时准确无误地追踪记录。这对于后进生转化工作将起到重要的信息支持作用。班主任决策的过程实际上是一个信息的收集、整理和加工的过程,运用信息方法建立信息系统,就可以保证在决策之前,及时得到准确的情报,为班级管理决策提供科学依据。

(三) 互联网——主题班队会的新平台

主题班队活动是班级管理中进行思想教育的常见方式。传统的班队会活动,通常是班级学生、老师围坐在一起,在黑板上写好主题活动的名称,节目一个接一个演,活动一个接一个地进行。这样的班队会往往是由老师一手策划,队员在活动中的参与率较低,学生的主体性得不到发挥,学生参与的积极性大打折扣,活动很难达到预期的效果。校园进入了信息时代,网络文化赋予了班队活动新的意义,信息时代特有的工具给单调的班队活动形式带来了勃勃生机。充分利用网络的信息优势,培养学生的创造精神和实践能力,开展新型的班会活动,互联网可以成为主题班队会的新平台。

据调查，在美国67%的学生上网是为了获取信息，48%的学生利用互联网开展研究和创造性的活动，而我国学生上网的主要目的是游戏、娱乐和交友聊天，我国学生利用网络学习的情况实在令人担忧，因此我们需要采取正确的方法，有目的地引导我国学生最大化地使用网络的教育功能。利用网络的信息搜索和合作交流功能，开展主题班队活动可以说是一个最有效的方式之一。设计适合学生年龄特征、形式活泼、内容丰富的各类主题班会，班主任推荐可选择的站点，让学生利用互联网搜集网络资源，进行再处理和加工，形成自己的观点，然后把自己的成果制作成幻灯片、网页、画册等与同学们交流展示，或者将优秀网页发布到班级或学校主页上，学生们在展示中会获得最大的成就感。在这一过程中，学生可以有目的地漫游网络知识海洋，搜集、筛选有价值的信息，自然会减少游戏、娱乐和交友聊天的时间比例，而更多地利用互联网开展研究和创造性的活动。

主题班队会除了采取传统讨论会、报告会或演讲会等形式外，还可以利用网络论坛的方式开展专题讨论会，网络讨论可以是班主任主持、学生主持、师生共同主持或邀请的演讲者主持。网络讨论式主题班会的优点是学生可以畅所欲言，没有时间地点限制，适合于跨班级或跨学校交流性班会，或请异地名家在网上做主题班会报告和参与讨论。

(四) 博客日志——自我管理的新模式

班级博客日志（Blog）是传统班级日志的网络化改进版，作为班级建设制度的一个重要方面，它能充分发挥每个班级成员的能动作用，集激励、表扬、批评、自教于一身，采取自主管理这种先进的班级管理模式，能有效地推动班级工作的开展，达到建设优秀班集体的目的。博客技术不仅带来记录的便利，而且增加了班级管理工作的公开性和透明度，班主任对班级一些事情的看法也应该让学生看到，并且得到来自学生的反馈。采用博客日志，能为班级建设长期积累数字化资料、数据和素材，加上方便

第八章 虚拟中学班级文化

211

跟踪和检索,对于实现科学化的自主管理是十分有效的。

如果校园网提供博客服务,最好给每个班主任提供两个博客:一个班级用博客,由学生参与;一个班主任用博客,由班主任管理。班级用博客可作为班级日志,让更多的学生参与进来,作为写作园地、网络小报、德育专题、留言板等发表看法的场所。利用班级博客日志,不仅班主任,全体学生和其他科任老师都可以参与到日志的记录中来,其中的信息量和真实性,远比纸质日志来得更多更全面,同时,因为有了更多学生的参与,也会更加活泼和生动。班上任何活动都可以使用博客的方式记录下组织工作的方方面面,比如说每次活动的进展,遇到的问题,需要什么样的支持和帮助。班主任、科任老师或其他班级的学生也可以通过博客随时关注活动的进展,通过它来出谋划策。这个日志能够随时让每个成员都看得到,并且可以对其中的问题进行评论。这种交互性可以大大增强班集体的凝聚力,加深同学之间的沟通和了解。

(五) 班级论坛——师生交流的新纽带

充分利用网络的交互性是网络化班级管理的又一大特点,班主任可以随时设定讨论的若干话题,师生可通过网络进行一对一、一对多和多对多的交流和互动,学生可在"网上论坛"发表自己的观点,与大家一起讨论。班级论坛使班主任工作与学生的个性意识互动,创造性地营造班级文化,塑造班级形象,以此来促进班级建设和学生的成长。构建网上论坛有利于引导学生在网络交往中正确认识自己、他人和班级,增强班级凝聚力和认同感。

在网络中,学习的环境与气氛是虚拟的,尽管教师与学生、学生与学生可以通过聊天室或讨论区进行互动与交流,但这种交流与面对面的交流有着很大的区别,特别是交际双方的心理活动会有很大的差异。现实的班主任日常管理,必然要与学生面对面交流,虽力求平等对话,但有时会在学生心理上造成居高临下的压力,这种心理压力是无形的。以网络为媒介的班级论坛交流则消除了这种压力,即使胆小、内向或害羞的学生也会乐于参与网上讨论与交流。由于这种交互双方身份的隐蔽性,可以使受教育者说出自己的想法和观点。班级论坛作为师生交流的新纽带,其优越性是传统班级管理无法比拟的。

班级论坛还是一个同学间相互交流的平台,同学之间的交往将更加自由,缓解了心理的闭锁性,拓宽了交往面,加深了同学间的了解,一旦形成健康向上的班级舆论,班集体的教育功能将得到充分发挥,对于形成良好班级文化氛围、促进班级面貌改变是有积极作用的。

参考文献:

[1] 李朝辉.《教学论》[M],北京:清华大学出版社,2010.08.

[2] 石中英著.《教育哲学》[M],北京:北京师范大学出版社,2007.6.

[3] 乌美娜主编.《教学设计》[M],北京:高等教育出版社,1994年.

[4] 程钧著.《美学原理》[M],成都科技大学出版社,1997.6.

[5] 阎立钦主编,倪文锦副主编.《语文教育学引论》[M],高等教育出版社,2000.6.

[6] 朱光潜著.《谈美》[M],北京:开明出版社,1994.8.

[7] 陈文香.浅谈初中生自我教育[J].学习方法报教研周刊.2011.3.

[8] 万永忠.浅谈班级目标的制定与作用[J].中国教育文摘.2011.4.

[9] 张作岭.班级管理[M],北京:清华大学出版社,2010.8.

[10] 郑金洲.教育文化学[M],人民教育出版社,2000.11.

[11] 刁培萼.教育文化学[M],江苏教育出版社,2000.10.

[12] 陈华文.文化学概论[M],上海文艺出版社,2004.2.

[13] 高金岭.文化学观照下的教育变革[M],广西师范大学出版社,2007.10.

[14] 刘彦武.发展文化学[M],中央编译出版社,2009.9.

[15] 郑立平.把班级还给学生——班集体建设与管理的创新艺术[M],中国轻工业出版社,2010.1.

[16] 徐长江.班级管理实务[M].高等教育出版社,2010.11.

[17] 邓艳红.小学班级管理[M].华东师范大学出版社,2010.5.

[18] 熊华生.班级管理智慧案例[M].华东师范大学出版社,2011.2.

[19] 李镇西.我这样做班主任——李镇西30年班级管理精华[M].漓江出版社,2012.5.

[20] 田恒平.中小学班级常规管理[M].华东师范大学出版社.2008.8.

[21] 符红艳.班级文化建设修炼[M].江苏美术出版社.2011.6.

[22] 周勇.我是怎样建设班级文化的———一位博士的班主任生涯回顾与反思[M].

四川教育出版社,2010.4.